中国国家博物馆
NATIONAL MUSEUM OF CHINA

研学丛书

中学生博物之旅学习手册

古代中国

中国国家博物馆
北京市第四中学 ◎编著

商务印书馆国际有限公司
中国·北京

图书在版编目（CIP）数据

中学生博物之旅学习手册. 古代中国 / 中国国家博物馆，北京市第四中学编著. -- 北京：商务印书馆国际有限公司，2021.8（2024.11 重印）

（中国国家博物馆研学丛书）

ISBN 978-7-5176-0849-3

Ⅰ. ①中… Ⅱ. ①中… ②北… Ⅲ. ①历史文物－中国－古代－青少年读物 Ⅳ. ① K87-49

中国版本图书馆 CIP 数据核字 (2021) 第 134561 号

中学生博物之旅学习手册・古代中国

编　　著　中国国家博物馆　北京市第四中学
出版发行　商务印书馆国际有限公司
地　　址　北京市朝阳区吉庆里 14 号楼
　　　　　佳汇国际中心 A 座 12 层
邮　　编　100020
电　　话　010-65592876（编校部）
　　　　　010-65598498（市场营销部）
网　　址　www.cpi1993.com
印　　刷　北京中科印刷有限公司
开　　本　710mm × 1000mm　1/16
字　　数　96 千字
印　　张　6.5
版　　次　2021 年 8 月第 1 版　2024 年 11 月第 3 次印刷
书　　号　ISBN 978-7-5176-0849-3
定　　价　20.00 元

古代中國

序　一

博物馆是保护和传承人类文明的重要殿堂，是连接过去、现在与未来的桥梁，负有阐释文明演进、引导价值取向、培育审美情趣的重要职责。中国国家博物馆作为集中反映中华优秀传统文化、革命文化和社会主义先进文化的国家最高历史文化艺术殿堂，不仅肩负着留存民族集体记忆、传承国家文化基因的重要任务，而且担负着促进文明交流互鉴的重要使命。这里收藏的140万余件藏品，充分展现和见证了中华五千年文明的血脉绵延与灿烂辉煌。正是在这里，习近平总书记发出实现中华民族伟大复兴中国梦的伟大号召。

一个博物馆就是一所大学校。长期以来，作为国内举办展览数量最多、规模最大、结构最为均衡的综合性博物馆，中国国家博物馆围绕文化强国的战略目标，发挥博物馆以史育人的独特优势，自觉肩负起通过展览让文物说话、让历史说话，引导青少年观众认识中华文明起源和发展的历史脉络，认识中华文明取得的灿烂成就和对人类文明的重大贡献的重要使命；努力用正确的历史观、民族观、国家观和文化观引领青少年观众，用实实在在的文物展现真实的国家命运和民族记忆，让青少年观众从展览叙事中切实感受到国家命运与个人命运紧密相连，树立正确的国家观、民族观、历史观、文化观。其中，与优质教学单位开展合作，研究开发中小学生博物馆综合实践课程，帮助青少年朋友利用博物馆资源进行探究性学习，“读”懂文物、欣赏文物，理解文物与历史的关系，深切感受博物馆作为“立体百科全书”的独特魅力，在这所“大学校”里有所感悟、有所收获，就是发挥好博物馆教育导向作用的重要途径。中国国家博物馆也因此入选教育部首批“全国中小学生研学实践教育基地”。这套面向青少年观众的中国国家博物馆研学丛书，就是中国国家博物馆与北京市第四中学深入合作的阶段性成果。

本套中国国家博物馆研学丛书依托中国国家博物馆的“古代中国”基本陈列编研而成，共计三册，其中《中学生博物之旅·古代中国》为基础读物，与其配合设计的则是供中学生参观博物馆使用的《中学生博物之旅学习手册·古代中国》和教师课堂教学使用的《中学生博物之旅教学手册·古代中国》。三本书分别以科普文、学习册和教案的形式呈现，三位一体，展示精品文物，融合最新学术成果，着力构建中华文明价值体系，讲述中华文明的演进故事。为增强可读性，丛书格外重视对文物的遴选，依据能够体现中华民族多元一体的发展道路、中华文明的基本特征和对世界的贡献、中华文明优秀基因在中华民族伟大复兴事业中的当代价值等标准，以中国古代历史发展为经，以国家、社会、文化、审美等为纬，从中国国家博物馆“古代中国”基本陈列精心遴选出在展的64件文物，以物说史、以物释史、以物证史，通过富有时代特色的代表性文物串联起中华文明演进的历史足迹，努力打造“以物说史”的科普范本。

尤其需要说明的是，丛书既注重展示文物的器物之美、创造之美、智慧之美，又着力从历史价值、文化价值、艺术价值、科技价值、时代价值等角度阐释文物，引导青少年朋友学会与文物对话。例如，来自新石器时代的红山文化玉龙，为研究中国龙文化与玉文化起源提供了重要的实物资料；西周时期的“利”青铜簋内壁所铸铭文，不仅印证了历史上著名的牧野之战，也为历史学家破解武王伐纣的时间提供了有力证据；东汉时期的旱滩坡带字纸，作为蔡伦改进造纸技术的重要物证，见证了人类书写载体的划时代的变革；宋代的汝窑洗，釉色淡雅清新、造型简练平淡，展现了宋朝崇尚自然、含蓄内敛的审美观；儒家经典《论语》刊本，集中体现了孔子及儒家学派的政治主张、伦理思想、道德观念及教育原则，历经两千多年的岁月洗礼，其中精华渐渐凝练成百姓日用而不知的价值观，植根在中国人内心，潜移默化地影响着中国人的思想方式和行为方式。

见证中华文明历史发展的文物形式多样、丰富多彩。本套丛书撷取的只是浩瀚文明中的吉光片羽，更多精彩内容尚待广大青少年朋友走进博物馆去探索和发现。尽管如此，我们仍然真诚地希望能为广大青少年朋友开启博物馆学习研究的全新之门，热切期盼大家能够在与文物的对话中，深切感受中华文明的生生不息和博大精深，感受身为中国人的无比豪情和使命担当！

王春法

中国国家博物馆馆长

序　二

文物承载着灿烂的文明，传承着历史文化，维系着我们的民族精神。如何让文物说话，把历史的智慧告诉人们——特别是青少年学生——是博物馆工作者和教育工作者共同思考的问题。中国国家博物馆和北京市第四中学以馆校合作的方式，编写了这套国博研学丛书，以期让文物走进课堂，让学生们走进博物馆。

中国国家博物馆有140万余件藏品，它们见证着中华五千年的文明。国博人有深厚的家国情怀，希望发挥博物馆的独特优势，宣传中华文化，传承历史脉络，展示中华文明的灿烂成就。他们更希望能发挥博物馆的特点，以史育人，在青少年的成长过程中贡献一份力量。为此，国博主持召开了数次专家论证会，就选什么文物，宣传文物的哪些知识、特点等，展开了深入的讨论。最终选出了64件文物，并由专家对文物作了精彩的介绍说明，最终使得《中学生博物之旅·古代中国》成书。在此基础上又有了《中学生博物之旅学习手册·古代中国》和《中学生博物之旅教学手册·古代中国》，分别为学生、教师使用。这套国博研学丛书，介绍了精品文物，宣传了文物知识，讲述了历史故事，也必将实现以史育人、以文化人的教育目的。

自2016年北京四中与国博合作以来，学校有11个学科的20位老师自愿加入到项目中来，把64件文物以课程的形式呈现在学生面前。老师们努力开发国家级的教育资源，期待以这样一种实践类课程的开设，探索学习方式的变革和育人格局的调整。几年以来，老师们积极参加培训，自主学习历史和文物知识；潜心设计教案；带学生“走博物馆”，看实物，读历史，畅游在中国古代文化的海洋中。几年以来，博物馆课程深受初高中学生的喜欢。

经过几年实践，我们深深感受到文物走进课堂的特殊意义：一是真的让文物说话了，告诉学生们历史的智慧、文明的故事、文化的传承；二是学生们在学习的过程中，确实获得了成长，不仅增长了知识，更感受到了当代青年了解文物、宣传文物知识、保护文物的历史责任。如今，这套丛书已完稿，我们期待国博与北京四中的研究与实践成果出版，让更多的学生有机会接触到、学习到。更期待青少年学生由此更多地走进博物馆，欣赏更多的文物，学习更多的知识，使自己在学习的过程中同样获得成长。

文物，是中华五千年文明的历史见证，是扎根于中华儿女血脉中的不朽记忆。我们当代的博物馆工作者和教育工作者有责任、有义务让文物走进课堂，让文物说话，帮助青少年学生了解文物，了解历史，了解中华五千年文明。在此，我们期待青少年学生由此走进博物馆，走近更多的文物，走进历史，成为中华文化的继承者、宣传者、发扬光大者。

马景林

北京市第四中学校长

致广大同学的一封信

同学们：

你们好！欢迎你们打开《中学生博物之旅学习手册·古代中国》，在它的引导下，展开对中国国家博物馆"古代中国"陈列的深度研学。

博物馆是世界上最美好的地方之一。它打通古今，跨越地域，集中收藏和展示人类文明的物证。来到博物馆的你们，可以透过一个个或玄妙、或精美、或朴拙的文物，看到凝结其中的人类的技艺、智慧与精神，观览变化万千的过往，了解人类文明的进步。

中国国家博物馆（以下简称国博）是中国最高历史文化艺术殿堂和文化客厅，它收藏的140万余件藏品，充分展示和见证了中华文明的血脉绵延与灿烂辉煌。"古代中国"是国博的基本陈列，它以时间为主要脉络，分为远古时期至明清时期八个部分。为方便同学们在较短的时间里更加深刻地了解中华古代文明，国博的专家们从这八个部分各选了八件文物，带领大家领略这一历史时期中华文明的主要特点。每件文物都是一段历史记忆，连在一起，就将中华文明发展的主要脉络鲜活地呈现在你们的面前。

也许你们是在国博现场参观时拿到这本手册的，也许你们是在访问国博官网（http://www.chnmuseum.cn/）后打开手册进行学习的。不管怎样，你们都可以把手册当成国博研学的指导，只不过一种形式是现场学习，另一种形式是“云游国博”。无论是哪一种形式，同学们都可以试着在手册的导引下，沉浸到中华文明的文化场域，近距离、长时间耐心地观赏、品味承载中华文明的一件件文物。

为方便你们的研学，国博的专家与北京四中的老师一起，在手册每一单元的首页，为你们概述了该单元历史的阶段特征，并提出了几个供你们在参观学习时思考的问题。在涉及每一具体文物时，设置了“初识文物”“深入探究”“文化参与”三个部分。“初识文物”提醒你们观看这件文物时需要把握的主要特点；“深入探究”是希望你们联系其他文物进行拓展的主题探究活动；“文化参与”则期待你们做跨越古今的文化对话。手册上还有二维码，扫描后你们可获得音视频资源，为你们深度学习提供坚实基础。需要说明的是，书中文物绝大部分为国博馆收藏，也有少数文物收藏地为其他博物馆。

在每个单元的最后，手册为你们总结了该单元八件文物的意义，建议你们通过提出关键词的方式对该单元的学习做一个总结，并期待你们勇敢地承担“文化使者”的责任，把你们凭借本单元文物获得的各种知识传达给更多的人，唤醒他们对于中华文明更深的热爱。国博还在后期为“文化使者”准备了更多活动，期待你们的加入。

手册的编写老师们希望你们能够凭借本书，来一场有趣味、有深度、有情怀的博物馆研学活动，看见穿越时空的美丽与智慧，体会沉淀至今的思想与精神……

你们准备好了吗？现在就来开始国博的“古代中国”文物之旅吧！

编　者

目 录

远古时期

距今约200万年前至约公元前21世纪是中国历史的远古时期。旧石器时代，中华先民完成了由猿人到智人的演变。约1万年前，中华大地进入了新石器时代，农业开始产生，人们大量制作陶器及磨制石器，并建设城邑。浩博悠远、延绵不断的中华文明在这一时期兴起……

你是否知道：

远古先民的哪些创造至今仍在我们的生活中留有痕迹？

远古先民如何表达自己对天地的虔诚敬畏和信仰？

为什么说“中华文明纵贯上下五千年”？

带着这些问题，让我们走进“远古时期”……

本单元的8件文物，讲述着中国远古时期有关农业、艺术、原始信仰与最初的城市等文明故事。请依据展厅文物地图，去发现它们的“历史位置”。

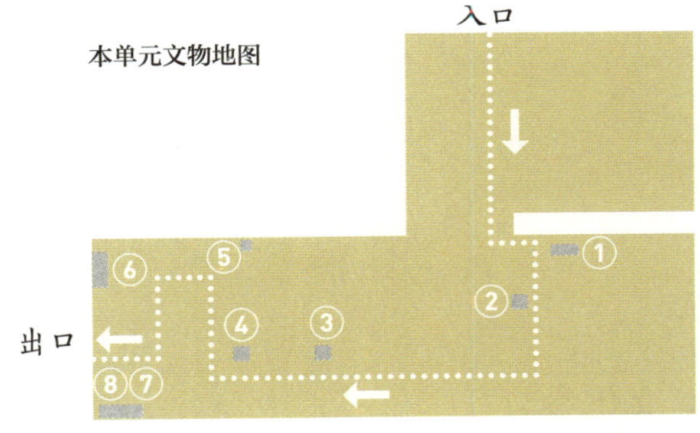

① 炭化稻谷　② 鹰形陶鼎　③ 玉龙　④ 鹳鱼石斧图彩绘陶缸

⑤ 玉琮　⑥ 陶排水管　⑦ 骨笛　⑧ 舞蹈纹彩陶盆

炭化稻谷

初识文物

浙江余姚河姆渡遗址出土了大量水稻遗存，进一步证明了中国是水稻的故乡。你还知道哪些起源于中国远古时期的粮食作物呢？

炭化稻谷
河姆渡文化

深入探究

“谁知盘中餐，粒粒皆辛苦。”你知道稻谷要经过哪些工序才能食用吗？请你说说先民们如何使用这些农具。

骨耜（sì）
河姆渡文化

石镰
裴李岗文化

石磨盘、石磨棒
裴李岗文化

文化参与

中国人在远古时期就已经发明了专门用来蒸制食物的器具——甑（zèng）。甑的底部有很多小孔，和鬲（lì）组合使用，相当于我们今天的蒸锅。陕西传统风味小吃甑糕也得名于此。今天我们常用蒸锅来蒸米饭、馒头、玉米等食物，那你知道远古先民主要用甑来蒸哪些食物吗？快去查一查吧。

陶甑
三里桥文化

陶鬲
客省庄文化

鹰形陶鼎

初识文物

鹰形陶鼎是目前所知仰韶文化遗物中唯一以鹰为造型的陶鼎。有人说它是美观与实用的结合，对这一观点你能做出怎样的解释？

鹰形陶鼎
仰韶文化

深入探究

世界其他地区的早期文明中也有很多精美的雕塑艺术作品，如古埃及的石雕人物像、美洲的陶器表面装饰人像、欧洲的人物陶塑像。请结合下列文物，说说中国早期文明和其他地区早期文明在雕塑艺术方面的不同之处。

“思想者”塑像
罗马尼亚·哈曼吉亚文化

人头形器口彩陶瓶
仰韶文化

文化参与

1993年，鹰形陶鼎被萨马兰奇先生选中，作为中国的“申奥大使”在瑞士的奥林匹克博物馆展出。请你结合鹰的生物特征及该鹰形陶鼎的特点，推测一下是哪些原因使它成为中国的“申奥大使”。

玉龙

初识文物

请仔细观察文物，说说它与你所熟知的龙有何异同。有专家指出，中国龙的英译名不应为“Dragon”，而建议使用“Loong”。请你查一查专家为什么这样说，谈谈你的理解。

玉龙
红山文化

深入探究

中国古代玉器种类繁多，你知道远古时期都有哪些玉器类型吗？请你查查看，并总结它们分别具有什么样的功能和用途。

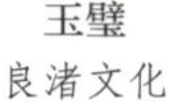

玉璧
良渚文化

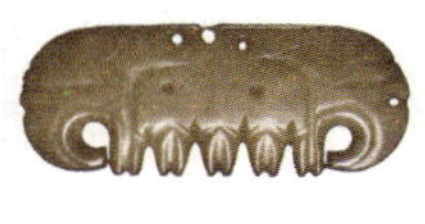

玉佩
红山文化

文化参与

龙不仅是中华民族的象征，也是凝聚中华民族情感的媒介。请你查阅资料，了解龙文化在中国的起源和发展。说一说，为什么我们中国人称自己是龙的传人。

鹳鱼石斧图彩绘陶缸

初识文物

鹳鱼石斧图是中国迄今发现的新石器时代最大的一幅彩绘陶画。请你说一说，白鹳与右边的鱼、石斧在绘画技法上有怎样的不同。

鹳鱼石斧图彩绘陶缸
仰韶文化

深入探究

鱼、鸟是中国传统绘画艺术的经典元素。请结合下列文物，推测鹳鱼石斧图中鱼、鸟、石斧各自有何象征意义。

人面鱼纹彩陶盆
仰韶文化

鱼鸟纹彩陶壶
仰韶文化

石斧
大溪文化

玉钺
龙山文化

文化参与

欣赏陶器可以从器形、颜色、纹饰、胎质等几个角度入手。请你从博物馆中挑一件你最喜欢的陶器，将它画在下面并表述你喜欢它的理由；请你继续查阅资料，说一说还可以从哪些角度欣赏陶器。

玉琮

初识文物

玉琮（cóng）是良渚文化最具代表性的器物类型，大多与璧、钺共同随葬于掌有神权的显贵者大墓中。请你结合其他玉琮，说一说琮的造型有什么特点。

玉琮
良渚文化

深入探究

大多数良渚玉琮都刻有或繁或简的纹饰，除了人面纹、兽面纹，还有神人兽面纹。请你探究良渚先民为何会刻画这类纹饰，它们具有怎样的特殊意义。

人面纹

兽面纹

神人兽面纹

文化参与

2019年良渚古城遗址申请世界文化遗产成功。请你查阅资料，谈一谈良渚遗址为什么可以实证中华五千年文明史。

玉琮
良渚文化

陶排水管

初识文物

平粮台陶排水管是迄今发现的中国年代最早、保存最完整的城市排水设施构件。它的两端为何一头大、一头小呢?

陶排水管
龙山文化

深入探究

在“城”出现之前，带有环壕的聚落是原始部落族群的主要居住环境。请查阅仰韶文化姜寨聚落遗址的相关资料，说说该聚落与平粮台古城有哪些异同。（提示：可从聚落形态、规模、功能等角度考虑）

姜寨聚落遗址模型

文化参与

“城市，让生活更美好”是中国2010年上海世界博览会的主题。“城市看海，大雨就涝”是许多地区的城市病。针对这一问题，近年来我国展开了“海绵城市”建设。请你查查为什么城市会出现内涝的现象，并就建设“海绵城市”提出你的建议。

骨笛

初识文物

贾湖骨笛被认为是迄今为止我国发现的最早的乐器之一。查一查，它是由什么动物的骨骼制作的？它的吹奏方式和今天的笛子有什么不同？

骨笛
裴李岗文化

深入探究

骨笛的前身可能是外形与它相似的骨哨。在贾湖遗址中，考古工作者还发现了龟甲响器。它们分别具有什么用途呢？是狩猎、祭祀，还是娱乐？

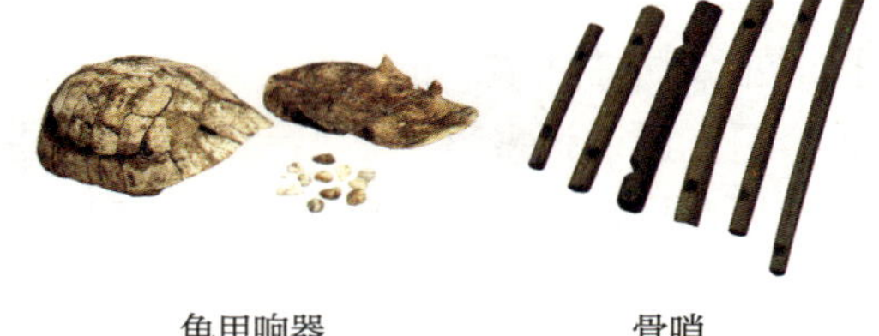

龟甲响器
贾湖遗址

骨哨
河姆渡遗址

文化参与

请你找5个玻璃杯，将它们从低到高依次加入不同比例的水，再用玻璃棒或者金属棒敲击它们，听听会有怎样的音效。动听的音乐体现着物理的原理，我国古代典籍《管子·地员》就记载了“三分损益法”的乐律计算方法，你想了解吗？赶紧去查阅资料吧。

舞蹈纹彩陶盆

初识文物

这件舞蹈纹彩陶盆反映了新石器时代黄河上游地区发达的彩陶文明。你认为盆内所绘的人物因何而舞呢？

舞蹈纹彩陶盆
马家窑文化

深入探究

请观察下列彩陶，说说这些彩陶上的图案可以分为哪些类型。远古先民为何要在陶器上创作这些图案呢？只是为了美观吗？

鱼纹彩陶盆
仰韶文化

花瓣纹彩陶盆
仰韶文化

涡纹四系彩陶罐
马家窑文化

文化参与

你知道“彩陶盆”的正确念法吗？是“彩/陶盆”还是“彩陶/盆”？请你查一查彩陶和彩绘陶的区别是什么。

单元总结

在这一单元中，我们知道远古先民用磨制石器、骨器等生产工具种植世界上最早的栽培水稻和粟；用骨笛吹奏出原始音乐的华美序章；用土与火化平凡为神奇创造陶器。红山文化的玉龙、良渚文化的玉琮，展示了明显的社会分化和共同的宗教信仰；龙山时代的陶排水管体现了四千年前“方城鼻祖”的发展水平；而不断增多的城邑，也见证了早期国家的诞生。

完成本单元的学习后，如果让你向小伙伴们介绍中国的远古时期，你会选用哪几个关键词呢？请你围绕这几个关键词绘制思维导图。

我做文化使者

请你结合本单元的典型文物，从生活中找一找，有哪些事物还保留着远古社会的影子，将它们“最初”的模样，讲述给你的家人和朋友吧。

本单元内容设计：赵婧舒

本单元活动设计：王　冉　雷　明　王　允　徐　雁　秦福来　孟海燕　万　珺

夏商西周时期

约公元前2070年到公元前771年的夏商西周三代，是中华文明日臻繁盛并开始形成独特的民族风格、价值取向和发展路径的时期。此时，出现了成熟的文字甲骨文与金文，创造了灿烂夺目的青铜文化，诞生了垂范华夏的礼乐文明……

你是否知道：

商朝时甲骨文的用途是什么？
中国古代青铜器有什么独特的铸造工艺？
商周时期的人们是如何“藏礼于器”的？

带着这些问题，让我们走进“夏商西周时期”……

本单元的8件文物，讲述着中国青铜时代有关早期国家、青铜文化、祭祀与礼制等文明故事。请依据展厅文物地图，去发现它们的“历史位置”。

①青铜爵
②“利”青铜簋
③“后母戊”青铜方鼎
④“有出虹自北饮于河”刻辞卜骨
⑤“盂”青铜鼎
⑥“虢季子白”青铜盘
⑦四羊青铜方尊
⑧青铜面具

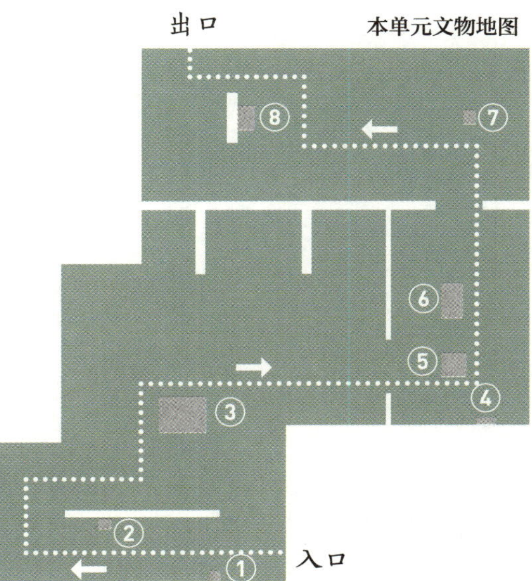

青铜爵

初识文物

这件夏朝的青铜爵是一件酒礼器。请在右图中标出爵的流、尾、鋬（pàn，把手）、足等部位。你能试着说说这个爵在当时是如何使用的吗？

青铜爵
二里头文化

深入探究

夏商周时期，人们常用青铜酒器来显示身份地位，后世“加官进爵”“高官显爵”“尊敬”等词语的出现与青铜酒器有关吗？请你去查阅资料，找找答案吧。

青铜尊
商

青铜爵
商

青铜觚（gū）
商

文化参与

现在有不少专家认为位于河南洛阳偃师的二里头遗址是最早的“中国”所在地。请你查阅资料，说说看为什么专家认为这里是最早的“中国”？

河南洛阳偃师二里头遗址

“利”青铜簋

初识文物

这是西周的“利”青铜簋（guǐ）。簋是中国古代的一种食器，用来盛装煮熟的谷物。请对比商周时期的青铜簋和鼎，说说它们在造型和用途上有什么不同。

“利”青铜簋
西周

深入探究

古人把青铜器称为“吉金”，铸刻在青铜器上的文字被称作金文、钟鼎文、铭文等。因铭文是后人研究商周历史的重要史料，故而有“吉金铸史”的说法。你还知道哪些带有长篇铭文的青铜器？说说它们反映了哪些历史内容。

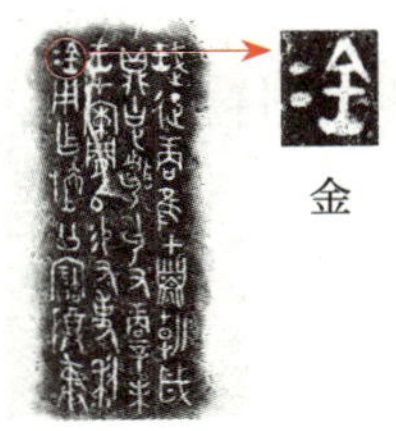

“利”青铜簋铭文中的“金”字

西周“泾伯”青铜卣（yǒu）盖上保留的“金”本色

文化参与

武王伐纣是商周改朝换代的大事件。《史记》中有关于牧野之战的记载，利簋上则有铭文“武征商，唯甲子朝”（大意为武王在甲子日清晨征伐商朝）。这些信息对于我们学习和研究历史有什么价值？

“利”青铜簋铭文的首句“武征商，唯甲子朝”

“后母戊”青铜方鼎

初识文物

“后母戊”青铜方鼎是目前所见最重的单体青铜器，因鼎身内壁铸刻有“后母戊”三字铭文而得名。通过铭文图片，你能分别识读出这三个字吗？它们又代表什么意思呢？

“后母戊”铭文

“后母戊”青铜方鼎
商

深入探究

“后母戊”青铜方鼎上有饕餮（tāo tiè）纹（也称兽面纹）、夔（kuí）龙纹、虎纹、牛纹、鱼纹等纹饰。你能找到它们吗？其中饕餮、夔龙等是古人想象出来的动物，你认为商朝人为什么要在青铜器上铸造这些动物的形象呢？

“后母戊”青铜方鼎各个部位的纹饰

文化参与

“鼎盛”中的“盛”是一个多音字，如果读作chéng，强调的是鼎的什么功能？如果读作shèng，又表达了鼎的哪种文化含义？请查阅资料，与小伙伴分享你的所得。

中国赠送联合国的世纪宝鼎

“有出虹自北饮于河”刻辞卜骨

初识文物

甲骨文中有很多象形文字，你能根据象形文字的特点，在这片卜辞上找到“虹”字吗？商朝人认为出现彩虹是灾祸之兆，你能通过“虹”的甲骨文字形推测一下商朝人视“虹”为祸的原因吗？

卜辞（局部）

“有出虹自北饮于河”刻辞卜骨
商

深入探究

甲骨文是打开殷商历史的钥匙，它记载的内容非常丰富。请结合这些甲骨，通过文物名称，猜猜它们上面的甲骨文内容分别是什么？商朝人为什么要记录这些内容呢？

军事类刻辞牛骨
商

“王大令众人曰协田”刻辞牛骨
商

日食刻辞牛骨
商

“干支表”刻辞牛骨
商

文化参与

甲骨文如今常常被用来制作成各种表情包。请你查阅甲骨文字典，选一些有趣的甲骨文，设计一些文创产品。

甲骨文中的羊、象、虎字

“盂”青铜鼎

初识文物

“盂”青铜鼎的铭文堪称是一份西周时期官员的“任命书”。“唯九月，王在宗周，命盂”是通篇铭文的首句，也是“点题”的一句。你能把这句话翻译成现代汉语吗？

唯九月，王在宗周，命盂

“盂”青铜鼎
西周

深入探究

你听过“酒池肉林”这个成语吗？“盂”青铜鼎的铭文中有关于禁酒的内容。西周初年的统治者为什么要强调禁酒呢？禁酒对西周的政治、文化又产生了哪些影响呢？

“盂”青铜鼎铭文拓片

文化参与

“盂”青铜鼎的铭文不仅印证了西周的册命制度，而且通过它的记载，还可以了解到西周的分封制。分封制留给我们的文化遗产有很多，如地区的简称“齐鲁”“燕赵”等，宋、赵、吴、郑等姓氏的渊源。请你查阅资料，就其中的某一方面进行探究，并分享你的探究成果。

“虢季子白”青铜盘

初识文物

“虢（guó）季子白”青铜盘是目前所见西周最大的青铜盘。这么大的青铜盘会是做什么用的？盘内底部的铭文记录了西周时期的战事与军礼，其中提到了“献聝（guó）于王”。你能根据金文“聝”字，猜出献给王的是什么吗？

聝

“虢季子白”青铜盘

西周

深入探究

“虢季子白”青铜盘内的长篇铭文被誉为铸在青铜器上的“诗”。在这篇铭文中，“ang”韵频频出现，你能据此来试着给“王赐乘马是用左王赐用弓彤矢其央赐用钺用政蛮方子子孙孙万年无疆”标出句读吗？从中你能获取哪些历史信息？

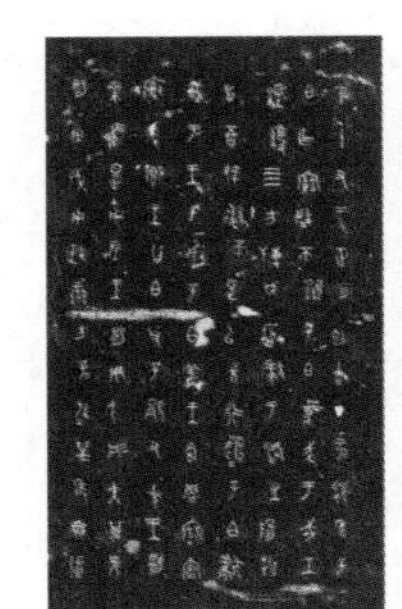

“虢季子白”青铜盘

铭文拓片

文化参与

中国古代有“国之大事，在祀（sì）与戎”的说法。请你去查查这句话的出处和它的意思。你觉得在21世纪，应该怎样理解“祀与戎”对于国家的意义呢？

四羊青铜方尊

初识文物

四羊青铜方尊是商代的青铜酒礼器，它于20世纪30年代出土后，曾在战争中被炮火震成了20余块。你听过关于它的传奇故事吗？有人说它是商代“最精美青铜器”之一，你同意这种说法吗？说说你的理由吧。

四羊青铜方尊
商

深入探究

最早的模、范指的是用于制作器物的模具。模范铸造，是中国古代青铜器普遍采用的铸造方法。模是基础造型，范则是从模上翻制而成。你知道中国古代用来塑造青铜器的模范都有哪些材质吗？今天我们看到的模范，为什么大都已残破？如何利用模范铸造一件青铜器呢？

鬲外范（陶质）
商

斧外范（石质）
商

文化参与

中国青铜器的铸造工艺和主要用途与其他国家和地区大不相同，有着自己鲜明的特点。请你查阅资料，了解古代中外具有代表性的青铜器，从种类、功能、用途、铸造技术等方面，说说青铜文明的“中国特色”有哪些表现。

阿卡德王萨尔贡一世青铜头像
两河流域 约前2250年～前2200年

青铜面具

初识文物

这是来自三星堆遗址的青铜面具，它的外形如此奇异诡秘。请你仔细观察，用恰当的词语描述它的各个部位。它究竟有什么用途呢？说出你的大胆猜测。

青铜面具
商

深入探究

三星堆遗址出土了众多凸目面具以及菱形、三角形、圆泡形等“眼形器”。为什么3000多年前古蜀人会对眼睛如此“痴迷”？请说说你的猜测吧。

凸目青铜面具
商

青铜人首
商

青铜眼形器
商

文化参与

2021年，最新的三星堆考古又发现了令人惊叹的文物。据本次考古发掘领队介绍，在已发现的文物里，虽然有一些比较“奇特”，但大部分文物都与中原地区同类器物相似。请你查阅资料，找找看哪些是考古学家口中的“奇特”文物，哪些又是与中原地区所出类似的文物，并谈谈你对这一现象的看法。

戴金面具辫发青铜人头像
商

青铜尊
商

单元总结

在这一单元，以二里头文化青铜爵为代表的“三代”青铜礼器，体现了青铜文明的“中国特色”；中原地区的“后母戊”青铜方鼎、长江流域的四羊青铜方尊、三星堆的青铜面具，展示了遥相辉映、多元互通的华夏文明；西周的“利”青铜簋、“盂”青铜鼎、“虢季子白”青铜盘见证了王朝的更迭、制度的建立。甲骨文、金文承前启后，在叙述历史的同时，也成为中华文化存续不断的基因与根脉。

完成本单元的学习后，如果让你向小伙伴们介绍中国的夏商西周时期，你会选用哪几个关键词呢？请你围绕这几个关键词绘制思维导图。

我做文化使者

夏商西周时期诞生了垂范华夏的礼乐文明，“礼”在后世成为中华文明的精髓。请你从“藏礼于器”的角度，为本单元的一件文物或综合几件文物，写一篇解说词，并分享给你身边的人。

本单元内容设计：梅松松

本单元活动设计：雷　明　于　明　徐　雁　陈彦昭　申欢欢　刘秀梅　于鸿雁　王小琼

春秋战国时期

公元前770年至公元前221年是我国的春秋战国时期，是大动荡大变革的时期。“铁器时代”的到来使社会经济形态发生了根本性转变，“五霸”“七雄”见证了“礼崩乐坏”，“百家争鸣”创造了文化高峰，“华夏”“夷狄”不断交融……

你是否知道：

“礼崩乐坏”在文物上有什么表现？

进入“铁器时代”后，人们的生活有哪些变化？

为什么说孔子是中华文化的代表人物？

带着这些问题，让我们走进“春秋战国时期”……

本单元的8件文物，讲述了一个风雷激荡的变革时代，各路诸侯称霸、争雄，各家学派激辩、思考，各方民族交流、融合。每一件文物身上都隐藏着特殊的时代“基因”。请依据展厅文物地图，去发现它们的“历史位置”。

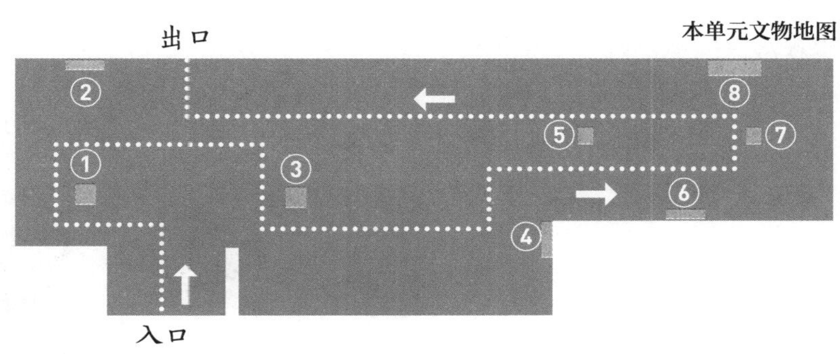

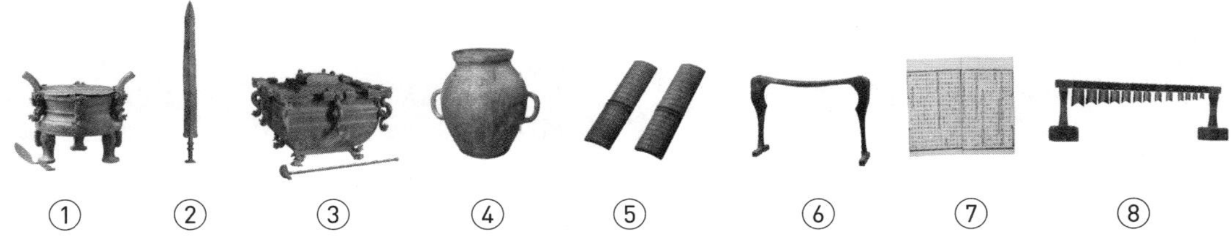

①“王子午”青铜鼎　②“吴王夫差”青铜剑　③青铜冰鉴　④“子禾子”青铜釜　⑤“鄂君启”错金青铜节　⑥朱绘黑漆凭几　⑦《论语》（明刊本）　⑧青铜编钟

“王子午”青铜鼎

初识文物

“王子午”青铜鼎是春秋时期楚国的礼器。仔细观察，你觉得它和中原地区常见的青铜圆鼎有什么不同？

“王子午”青铜鼎
春秋·楚

深入探究

王子午是楚庄王之子、楚共王之弟，担任过楚国的执政大臣令尹。王子午并非诸侯，却使用7鼎，反映出此时随着周王室失去权威，各诸侯国不再遵守相应的礼仪制度。以“王子午”青铜鼎为例，请你结合以下文物，探究一下它们分别都体现和印证了春秋战国时期的哪些历史事件。

“洹子孟姜”青铜壶
春秋

“秦公”青铜簋
春秋

“吴王夫差”青铜鉴
春秋

“熊悍”青铜鼎
战国

文化参与

春秋战国时期，在楚文化中我们既能看到其特立独行的一面，也能看到中原文化的影子。你能发现这一时期楚文化与中原文化的相同与不同吗？

“吴王夫差”青铜剑

初识文物

仔细观察，你能找到表明它主人身份的证据吗？你知道如何正确称呼青铜剑的各个部位吗？如果你是讲解员，你想怎样讲解这把青铜剑的故事？

“吴王夫差”青铜剑
春秋·吴

深入探究

《吴越春秋》记载，干将、莫邪夫妇为夫差的父亲吴王阖闾（hé lǘ）铸剑，久炼不成，莫邪于是“断发剪爪”投于炉中，金铁乃濡，终得至宝。古代的青铜宝剑究竟是蕴藏了技术奥妙，还是果真如传说一样注入了血肉呢？观察这件青铜剑，探究一下让它历经两千多年而光亮如新的原因吧。

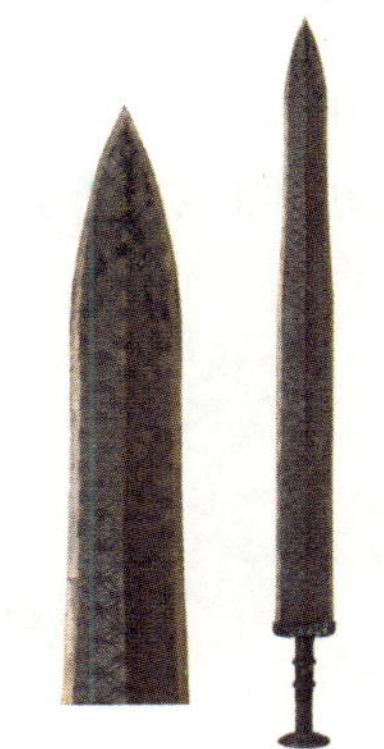

青铜剑
春秋

文化参与

剑文化在中华传统文化中占有独特的地位。春秋战国时期，剑成为贵族、君子不可或缺的配饰，象征着主人的身份，并被赋予了特殊的人文情感。你能说出哪些与剑有关的成语和典故呢？

越王勾践剑
春秋

青铜冰鉴

初识文物

这件青铜冰鉴堪称迄今为止发现的世界上最原始、结构最完整的绿色“冰箱”。它是举行祭典或宴请重要宾客时使用的高规格酒器，也是贵族尊贵身份和地位的象征。你知道如何使用这件器物吗？

青铜冰鉴结构示意图

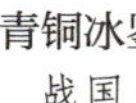

青铜冰鉴
战国

深入探究

与商代相比，春秋战国时期的青铜器在功能上更注重实用性，造型、纹饰也融入了更多的生活气息，错金银、鎏金、镶嵌、镂空等工艺技术的运用增强了器物的艺术表现力，展现出精致奢华的时代审美特征。你认为出现这些变化的原因会有哪些呢？

错金银马首形青铜軏（yuè）
战国

透雕蟠螭纹青铜镜
战国

鎏金嵌玉镶琉璃银带钩
战国

嵌赤铜狩猎纹青铜壶
春秋

文化参与

2008 年北京奥运会中曾有一个气势恢宏的“千人击缶”表演，演员们敲击的道具正是以青铜冰鉴为原型制作的。但青铜冰鉴与缶的功能和文化内涵都有很大区别。你觉得“千人击缶”表演使用冰鉴作为道具的设计合理吗？这样的设计对我们今天传承和弘扬优秀传统文化有哪些启示？

2008 年北京奥运会
开幕式使用的缶

“子禾子”青铜釜

初识文物

这件“子禾子”青铜釜是战国时期具有代表性的量器之一，同时也是我们非常熟悉的历史事件“田氏代齐”的重要物证。你知道器物的主人“子禾子”是谁吗？

“子禾子”青铜釜
战国·齐

深入探究

春秋战国时期，各诸侯国对度量衡的管理都有一套自己的标准。请结合以下文物，了解它们的用途和时代价值，并谈一谈统一度量衡的意义。

“王”青铜衡
战国

“司马成公”青铜权
战国

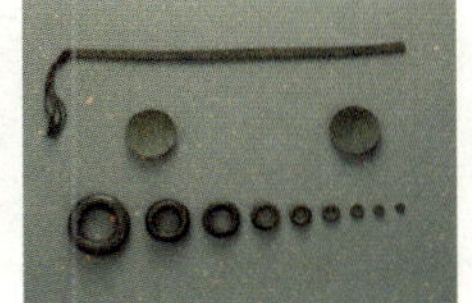

天平和环权
战国

文化参与

我国古代度量衡在器具制造、标准管理、验定技术以及单位制等方面都曾居于世界前列。请试着去了解更多我国古代的度量衡器，如战国的商鞅铜方升、东汉的铜卡尺和新莽嘉量等，并说明它们在历史中展现出的先进性，以及它们对人们生活和社会发展的影响。

“鄂君启”错金青铜节

初识文物

这两件竹节状的青铜器，是战国时期楚怀王颁发给其直系亲属鄂君启的免税通行凭证。你知道“‘鄂君启’错金青铜节”的正确读法吗？请试着读一读下方的铭文释文。

> 車五十乘，歲贏返，毋載金、革、箐箭，女（如）馬、女（如）牛、女（如）特，屯十台（以）堂（當）一車，女（如）檐（擔）徒，屯廾檐（擔）台（以）毀於五十乘之中……見其金節則毋政（徵），毋舍（捨）槫（饌）飤，不見其金節則政（徵）。
>
> ——节选自“鄂君启”错金青铜节车节铭文释文

“鄂君启”错金青铜节
战国 · 楚

深入探究

战国中晚期，商业发展迅速，各诸侯国间经济贸易往来比较频繁。请结合以下文物，探究一下它们都是如何出现和使用的，又对当时的商贸发展产生了怎样的影响？

青铜空首布
战国

齐刀
战国

郢爯和卢金
战国

文化参与

你去过免税店吗？一般说来，我们需要在离境的情况下才能在免税店购买免税商品。但国家建设海南自由贸易港后，去海南岛旅游也可以进入免税店购物。鄂君商队所经行贸易之地，都是当时楚国疆域所至的端点、边地，基本不涉及相对发达或繁华的区域中心。这与如今的“自由港”有某些相似之处，请你思考一下，其中是否也蕴藏了楚国统治者的经济智慧？

朱绘黑漆凭几

初识文物

在我国古代，人们有席地而坐的传统。我们今天常说的“席位”“主席”“上席”等词，都与席地而坐有关。凭几也是一种与席地而坐密切相关的家具。汉字中“几”字的形象与这件朱绘黑漆凭几的外形十分相似。你知道古人是如何使用凭几这种家具的吗？

朱绘黑漆凭几
战国

深入探究

战国时期，贵族室内陈设的用具既遵循礼制规范，又在礼制框架下向着优雅、奢华、精细的风格转变。仔细观察以下文物，你认为是什么原因导致这种审美情调和时代风尚形成的？

错银卧牛青铜镇 战国　　耳杯 战国　　人形青铜灯 战国

文化参与

你可能想不到，承载了中华民族传统艺术审美的中国漆器，曾于17世纪末至18世纪在西方世界掀起了家居装饰艺术的模仿热潮，刮起了一场实实在在的“中国风”。请查查资料，举例说明中国漆器对西方的影响，并和同学们交流。

《论语》明刊本

初识文物

《论语》是中国最古老的典籍之一，也是最早的语录体著作。你最熟悉或最常用的《论语》经典语句有哪些？能试着讲讲孔子及其主要弟子的故事吗？

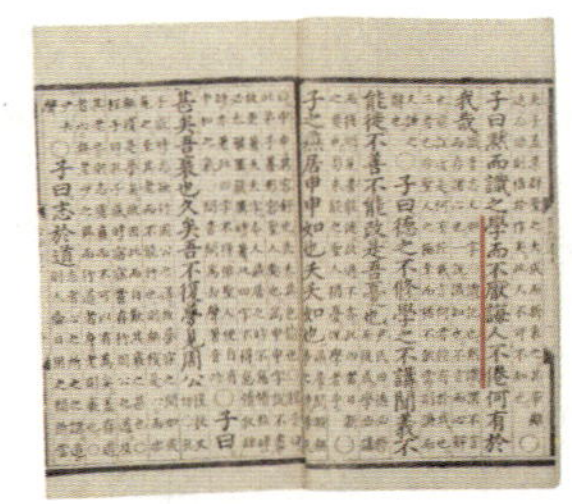

子曰默而識之學而不厭誨人不倦何有於我哉
○子曰德之不修學之不講聞義不能徙不善不能改是吾憂也
子之燕居申申如也夭夭如也
○子曰甚矣吾衰也久矣吾不復夢見周公
○子曰志於道

《论语》明刊本

深入探究

你知道“稷下学宫”吗？虽为官学却自由活跃的“稷下学宫”，实现了“百家”之间面对面的“争鸣”。除《论语》之外，你还能列出春秋战国时期哪家学派的学说和代表作？它们对我们今天的文化有哪些影响？

《杏坛讲学图》
明 吴彬

文化参与

《论语》成书至今已有两千多年，其中很多语句，像“三人行必有我师”“不耻下问”“己所不欲，勿施于人”等，仍被现代人挂在嘴边。请你以具体语句为例，结合生活体验，谈谈《论语》对我们今天生活有哪些指导意义。

青铜编钟

初识文物

仔细观察图片中的青铜编钟，你会发现它们的腔体被设计成合瓦形，宛如一对扣合起来的瓦片。这种形制的青铜钟只在中国出现，而西方的钟多为圆体钟。请想一想这样设计仅仅是为了美观还是暗藏玄机呢？

青铜编钟
战国

深入探究

“金石之声”里的钟为金属乐器，磬为石质乐器。当不同数量的钟磬类大型乐器组合编排在一起悬挂敲击演奏时，又被周代统治者赋予了深刻的政治内涵。你知道周代的乐悬制度是什么吗？

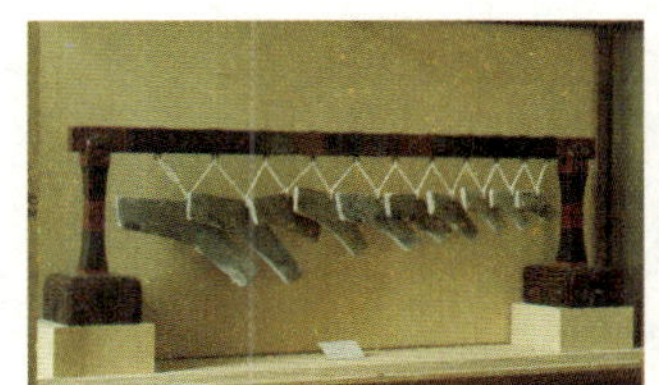

石编磬
战国

文化参与

湖北随州曾侯乙墓出土了一套青铜编钟，共65件，分3层8组悬挂在呈曲尺形的铜、木结构钟架上，需要5位乐师分区域配合演奏。春秋战国时期，乐器形制种类逐渐增多，音乐性能明显提高，乐律理论也较为丰富，丝毫没有“乐坏”的迹象，甚至是“礼崩”乐更盛了。请查阅有关资料，谈一谈春秋战国时期“礼崩”对中国古代音乐的发展有什么影响。

“曾侯乙”青铜编钟
战国

单元总结

在这一单元，“不守规矩”的“王子午”青铜鼎、象征王者身份的“吴王夫差”青铜剑，既是周王衰落、诸侯纷起的铁证，又展现了卓越的铸造工艺，还反映了中原文化与楚文化的交融共进；青铜编钟、青铜冰鉴、特别通行证“鄂君启”错金青铜节、量器“子禾子”青铜釜，既是社会经济发展的产物，体现了青铜器由国之重器到服务社会寻常生活的功能转型，也流露出进入铁器时代后，青铜器走下神坛的无可奈何；墨朱流韵、轻巧实用的凭几，体现了社会的嬗变与人们审美情趣的变化；不朽的《论语》与先秦诸子的其他经典，共同为中华优秀传统文化的形成奠定了基础。

完成本单元的学习后，如果让你向小伙伴们介绍中国的春秋战国时期，你会选用哪几个关键词呢？请你围绕这几个关键词绘制思维导图。

我做文化使者

假设你是跟随着孔子周游列国的一位少年读书人，返回现代社会后，请结合这一单元的文物，讲讲一路上的见闻。

本单元内容设计：刘　京

本单元活动设计：李　岩　王　允　杨晓蓓　徐　雁　刘秀梅　申欢欢　刘　薇

秦汉时期

公元前221年至公元220年的秦汉时期，是中国统一多民族国家的形成时期。中国古代国家治理的基本模式奠定于这一时期，官定儒家经典确立于这一时期，连接中西的丝绸之路正式开辟于这一时期……

你是否知道：

秦为什么能完成统一中国的大业？

为什么会有“百代都行秦政法”的说法？

为何中国曾被称为“赛里斯（Serice）”？

带着这些问题，让我们走进“秦汉时期”……

本单元8件文物，讲述中国秦汉时期统一多民族国家建立、物质文化繁荣、科技发明创造等故事。请依据展厅文物地图，去发现它们的“历史位置”。

①陶俑　②琅琊刻石　③乘云绣　④青铜染器　⑤错金银云纹青铜犀尊　⑥旱滩坡带字纸　⑦“熹平石经”残石　⑧“滇王之印”金印

陶俑

初识文物

1974年，沉寂于地下2000多年的兵马俑刚一出土，就以其磅礴的气势、厚重的文化底蕴震惊世界。你知道这支王师军团有哪些兵种吗？这里展示的陶俑属于哪个兵种？

陶俑
秦

兵马俑1号坑（局部）

深入探究

秦始皇为何能实现“扫六合”的伟业？请你检索相关资料，说说这些文物是从哪些侧面为“秦王扫六合”提供一些支持的呢？

青铜弩机
秦

五年相邦吕不韦青铜戈
战国·秦

文化参与

无与伦比的兵马俑兵团，凝结着中国古代匠人的智慧，也展示着秦人的精神面貌。你想用哪些词语来概括秦人的精神面貌？这样的精神能为现代人提供怎样的给养呢？

琅琊刻石

初识文物

秦始皇统一天下后，东巡到琅琊郡时，命人刻石。你认识刻石上的字体吗？为什么说琅琊刻石是秦始皇统一天下的功业记录？

琅琊刻石
秦

深入探究

秦朝建立后，开创了大一统国家的新格局。下面这些文物见证了当时哪些措施的制定与实施？

小篆体十二字砖
秦

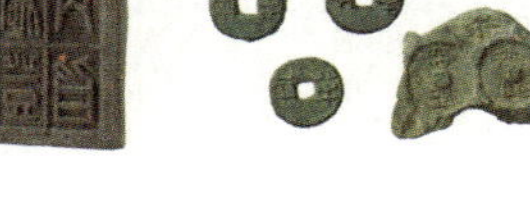

半两钱及钱范
秦

两诏青铜版
秦

文化参与

中国后世政治体制的基本格局，开创于秦始皇时期。毛泽东在咏史诗里曾写道："百代都行秦政法。"请你查找资料，谈谈秦始皇留下的这份"政治遗产"究竟给后世带来了怎样的影响。

乘云绣

初识文物

湖南长沙马王堆汉墓出土的乘云绣，在丰富的色彩间，缭绕着洒脱的云气纹。你能看出乘云绣上保留了哪些绚丽的色彩吗？汉代时人们为什么喜爱用云气纹装饰丝织品呢？

乘云绣
西汉

深入探究

和精美的乘云绣一样，锦、纱、罗等品类丰富的丝织品都见证着汉代丝织业的空前繁荣。请你查阅资料，说说锦、纱、罗在织造工艺上有哪些不同。

“延年益寿大宜子孙”锦袜
东汉

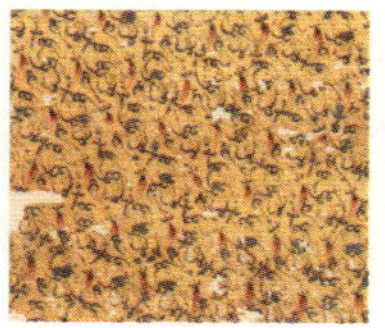

印花敷彩纱
西汉

文化参与

丝绸之路的开辟，使中国精美的丝绸开始被世界了解和喜爱。古罗马统治者恺撒曾身着绸袍出现在剧场里，引起全场轰动。想象你是一位文化使者，要穿越时空向古罗马人介绍中国古代的丝织文化，你会做怎样的解说呢？

青铜染器

初识文物

你知道“染指于鼎”的典故吗？染器在汉代深受人们的喜爱，请观察这件青铜染器的造型，猜猜当时的人们如何使用这一食器。

青铜染器
西汉

深入探究

中国的饮食文化有追求“食不厌精，脍不厌细”一说。汉代由于经济的发展和丝绸之路的开辟，食材种类大为丰富，烹饪技法也多样且复杂。请你从文物中找寻线索，说说汉代餐桌上曾出现过哪些丰富的食材种类，又使用了哪些烹饪方法。

“大豆万石”“大麦万石”陶仓
西汉

庖厨画像砖
东汉

铜烤炉
西汉

铜炉鼎
西汉

文化参与

今天日常生活中，我们大多聚在一起同桌合食。但在唐代以前，中国古人一直实行的是分餐制。“举案齐眉”“鸿门宴”等典故就留下了分餐制的影子。在人们更加注重卫生防疫、健康生活的今天，关于饮食方式的问题又重新摆在人们面前：究竟是继续合食，还是回到中国古老的分餐制？你更喜欢哪一种？说说你的理由。

错金银云纹青铜犀尊

初识文物

这件西汉时期的错金银云纹青铜犀尊，塑造的是一头极为逼真的犀牛。细看文物，你觉得哪些地方刻画得最精妙？作为一件盛酒器，你知道古人是如何将酒从中取出的吗？

错金银云纹青铜犀尊
西汉

深入探究

汉代时，登峰造极的装饰工艺使器物的纹饰和色彩更加精巧绚丽，彰显出盛世的非凡创造力。你知道错金银工艺是如何制作的吗？除了错金银，你还能从以下文物中找到哪些装饰技法？

鎏金银蟠龙纹铜壶
西汉

错金银镶嵌铜骰
西汉

嵌贝鹿形青铜镇
西汉

文化参与

大量考古文物和化石证明，古代中国曾经是野生犀牛的故乡。这片小小的犀牛肋骨上，就记载着商王武丁猎获犀牛的内容。为什么后来犀牛会在中国逐渐消失呢？今天的我们能为生态保护做些什么呢？

“宰丰”雕花骨柶
商

旱滩坡带字纸

初识文物

“纸”，一般认为指的是由植物纤维制成的供书写、绘画用的薄片。请你仔细观察旱滩坡带字纸，说说它和今天的纸张有哪些不同。

旱滩坡带字纸
东汉

深入探究

请你结合展厅文物，说说植物纤维纸的出现给人们的生活带来了哪些影响。除了造纸术，当时还有哪些重要的发明创造呢?

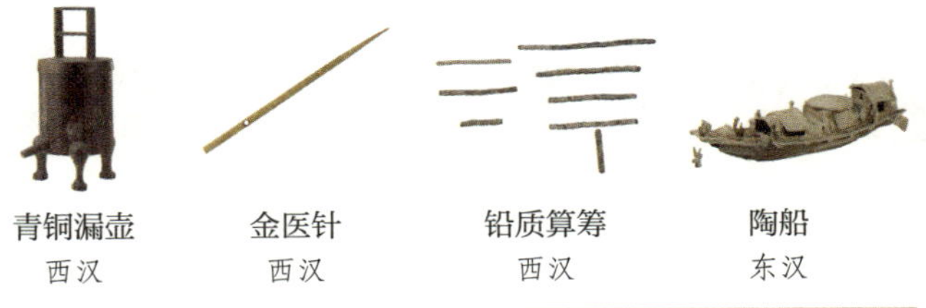

青铜漏壶 西汉　金医针 西汉　铅质算筹 西汉　陶船 东汉

文化参与

唐代怛罗斯之战后，中国的造纸术开始传播到阿拉伯世界，人类的书写材料由此发生了划时代的变革。除了纸以外，你知道历史上还有哪些书写的载体?你觉得21世纪以后，世界有可能进入“无纸化时代”吗?

“熹平石经”残石

初识文物

请你认读“熹平石经”残石上的隶书“五经博士”。你知道“五经”指的是哪些经书吗？为什么说熹平石经是汉代尊崇儒术的时代见证？

“熹平石经”残石
东汉

深入探究

与琅琊刻石的小篆字体不同，熹平石经上的文字为成熟的隶书。从小篆到隶书的演变是中国汉字发展史上的一场变革。隶书为什么会出现？为什么在汉代时流行？请你临摹隶书的字体，说说它有什么特点。

三体石经（局部）
三国

汉简《孙子兵法》
西汉

文化参与

2019年是孔子诞辰2570周年，中国国家博物馆依托馆藏文物资源，联合国内文博单位策划推出了“高山景行——孔子文化展”。请你观看云端展览，谈谈孔子创立的儒家学说对中华民族的文化品格产生了哪些影响。

“滇王之印”金印

初识文物

成语“夜郎自大”你一定不陌生，但你知道吗，历史上最早与汉朝在疆域辽阔上一较高下的，并不是夜郎国，而是古滇国。这枚光彩夺目的“滇王之印”金印就来自古滇国，它见证了什么历史事件？

“滇王之印”金印
西汉

深入探究

中国的印章文化历史悠久。印章是执政的信物或凭记，彰显使用者的身份和权威；作为重要的保密手段，又是收件人检验的标识。请你探寻这一时期的印章文物，说说它们有哪些重要的用途。

“齐铁官印”
封泥
西汉

“汉匈奴归义亲汉长”
青铜印
东汉

“汉归义羌长”
青铜印
汉

文化参与

随着考古的不断发现，2000多年前古滇国的历史轮廓逐渐清晰。滇人在创造和传承本地文化的同时，也吸收汉民族的优秀文化，造就了云南多姿多彩的多元文化。

请把你了解的云南少数民族文化的内容（服饰、建筑、工艺、民俗等）写在这里吧。

鎏金四人舞俑青铜扣饰
西汉

诅盟场面青铜贮贝器
西汉

单元总结

在这一单元，庞大威武的地下兵马俑军团，展现了“秦王扫六合”的雄风；琅琊刻石记录着秦始皇“器械一量，同书文字”的殊功；“熹平石经”残石见证了东汉政府对儒术的尊崇；青铜染器展示着汉代精致多元的饮食文化；高度写实的青铜犀尊呈现出汉代造型艺术的魅力；“滇王之印”见证着中央王朝对边疆地区的管辖和民族交融；纸的发明开启了书写材料的划时代变革；汉朝精美的丝织品等随丝绸之路的开辟，向世界传播了奇妙的东方文明。

完成本单元的学习后，如果让你向小伙伴们介绍中国的秦汉时期，你会选用哪几个关键词呢？请你围绕这几个关键词绘制思维导图。

我做文化使者

汉代的官员要出使云南，行前要准备随身的物品和馈赠的礼物。请你结合本单元的文物，为他们列出一个清单，并注明理由。(做一个卡通单子)

本单元内容设计：洪　瑶

本单元活动设计：申欢欢　杨　萌　杨晓蓓　王小琼　刘　薇　于鸿雁　夏　鹏

三国两晋南北朝时期

公元220年至公元589年的三国两晋南北朝时期，中国大一统的政治局面被打破，朝代更迭频繁，战乱持续不断，各种矛盾激化。这一时期，北方各族交融波澜壮阔，南方经济开发生机勃勃……

你是否知道：

为什么北魏统治者称自己是黄帝的后代？

“中国靴子”的发明怎样改变了世界？

此时期的哪本“百科全书”能帮助百姓发家致富？

带着这些问题，让我们走进“三国两晋南北朝时期”……

本单元的8件（组）文物，讲述着中国多民族政权并立时代的胡汉共存互鉴、中外交流交融、文化自觉勃发等文明故事。请依据展厅文物地图，去发现它们的“历史位置”。

本单元文物地图

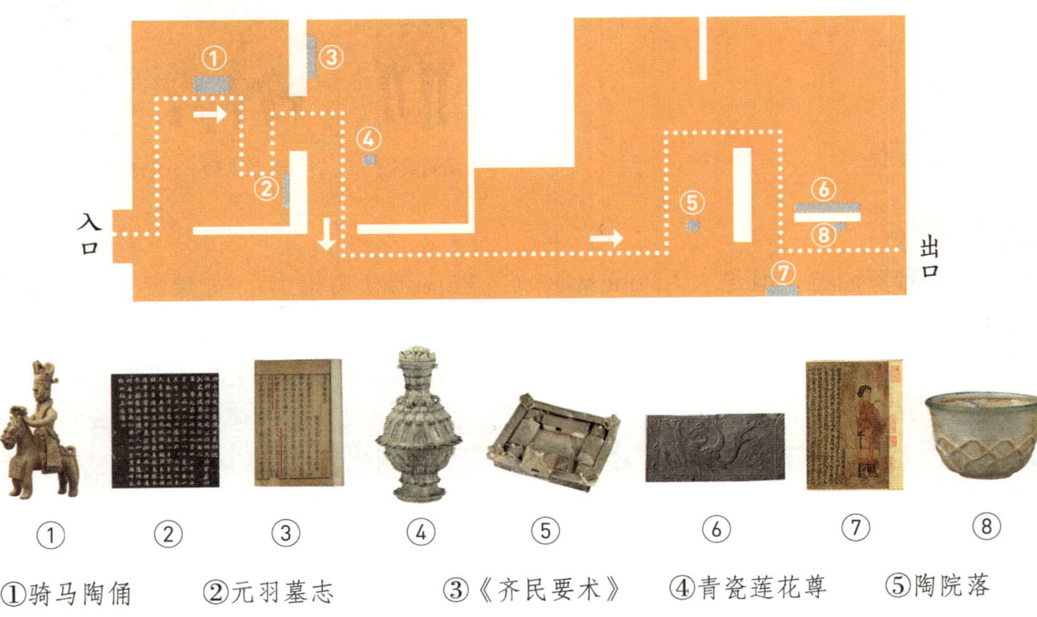

①骑马陶俑 ②元羽墓志 ③《齐民要术》 ④青瓷莲花尊 ⑤陶院落

⑥邓县画像砖 ⑦《职贡图》卷 ⑧网纹玻璃杯

骑马陶俑

初识文物

被称为“中国靴子”的马镫，是骑乘历史上里程碑式的发明。找一找，这件骑马陶俑上的马镫在哪儿。请根据它的位置、造型、数量，推测一下它的功能。

马镫

骑马陶俑
西晋

深入探究

“东市买骏马，西市买鞍鞯（ān jiān）。南市买辔（pèi）头，北市买长鞭。”随着马镫的出现，马具逐渐完善，骑兵逐步升级。观察比较以下不同时期的骑马陶俑，说说马具的发展给骑马带来了哪些便利，对骑兵装备的改善起了怎样的推动作用。

陶骑兵俑
西汉

陶武士俑
北魏

三彩绞釉陶狩猎骑俑
唐

文化参与

美国学者罗伯特·坦普尔（Robert K. G. Temple）曾指出：“如果没有从中国引进马镫，使骑手能安然地坐在马上，中世纪的骑士就不可能身披闪闪盔甲，救出那些处于绝境中的少女，欧洲就不会有骑士时代。”欧洲最早的马镫发现于6世纪的匈牙利。位于多瑙河流域沿岸的匈牙利，毗邻亚欧大草原，又曾接触过在4世纪大举西迁的匈奴。据此考证一下马镫如何从中国走向世界，又对世界历史的进程产生过哪些至关重要的影响。

元羽墓志

初识文物

元羽是北魏皇室成员，孝文帝拓跋宏之弟。请你仔细阅读元羽的墓志铭，分别找到记录生平事迹的“志”和歌颂悼念的“铭”，并说一说墓志铭中“河南人”一词的出现有何历史缘由。

元羽墓志（拓片）
北魏

深入探究

“魏之先出于黄帝，以土德王，故为拓跋氏。”北魏统治者称自己是黄帝的后代，孝文帝实行的经济、政治、文化等措施，进一步加深了民族间的交融。除了元羽墓志中更改姓名、籍贯的现象之外，你知道当时的改革还给人们的生活带来了哪些变化吗？结合以下文物，说说你的看法。

侍从陶俑
北魏

陶牛车
北齐

《帝后礼佛图》（局部）
北魏

永固陵石券门
北魏

文化参与

三国两晋南北朝时期，人口的流动使各地区各民族互相影响、借鉴与包容，逐渐奠定了兼收并蓄、多元一体的社会格局。“中华”一词最早便出现在此时，且沿用至今。想一想，我们今天生活中有哪些元素源自历史上的胡汉交融、中外互通呢？不如就从带“胡”字的物品找起吧！

《齐民要术》明刊本

初识文物

《齐民要术》是中国现存最早、最完整的农业书籍，但书名中却没有“农”字。你知道“齐民要术”是什么意思吗？它包含了作者贾思勰怎样的愿望？

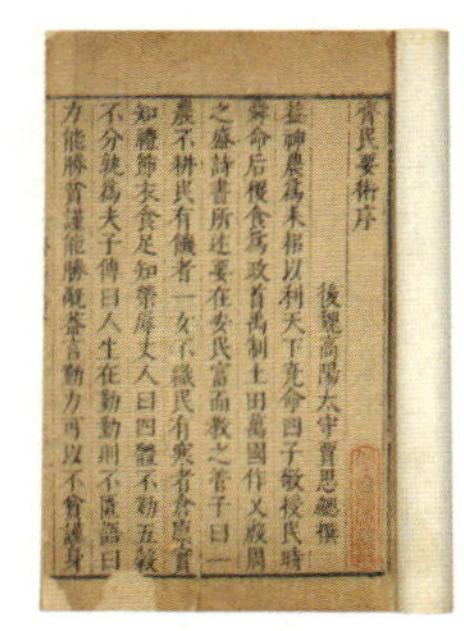

齊民要術序

後魏高陽太守賈思勰撰

蓋神農爲耒耜以利天下堯命四子敬授民時
舜命后稷食爲政首禹制土田萬國作乂殷周
之盛詩書所述要在安民富而教之管子曰一
農不耕民有饑者一女不織民有寒者倉廩實
知禮節衣食足知榮辱丈人曰四體不勤五穀
不分孰爲夫子傳曰人生在勤勤則不匱語曰
力能勝貧謹能勝禍蓋言勤力可以不貧謹身

《齐民要术》明刊本

深入探究

农书《齐民要术》也是一本食谱，记载了41种主食和169种菜肴的烹饪方法。请你读一读“养羊”篇中的“作酪”，了解当时奶酪的制作方法。并结合以下文物，说一说这些食物加工工具的功能是什么，当时的“食肉”又有哪些丰富的形式。

陶杵臼、陶踏碓、陶簸箕、陶筛
三国・吴

水磨、水碾（模型）
现代

嘉峪关画像砖（临摹品）
魏晋

文化参与

古有《齐民要术》记载育种成就，三富人们的食物品种；今有“杂交水稻之父”袁隆平培育超级杂交水稻，保障世界的粮食安全。请你查阅资料了解“粮食安全”的含义，并说说今天中国倡导的“光盘行动”有什么意义。

青瓷莲花尊

初识文物

这件莲花尊是南北朝时期的青瓷代表作品。你知道青瓷的釉色是怎样形成的吗？这件瓷器上从头到脚的莲瓣纹饰又反映了怎样的时代潮流？

青瓷莲花尊
北朝

深入探究

瓷器除了像青瓷莲花尊一样专门用来随葬之外，更多的是作为给人们带来便利和乐趣的日常用具。你能通过以下这些瓷器的器形判断出它们的用途吗？从东汉到三国两晋南北朝时，瓷器的烧制技术有了很大的改善和提升，请你从颜色、造型上谈谈自己的感受吧。

青瓷四系罐
东汉

青瓷羊形烛台
三国・吴

青瓷魂瓶
西晋

黑釉鸡首瓷壶
东晋

文化参与

青瓷的生产从古至今，其造型、颜色和纹饰随着时代、地域的变迁不断发展，还曾远销海外，获得世界各地人们的喜爱。2016年，将传统文化与时尚元素结合的现代龙泉青瓷，成为杭州G20峰会上的国礼。想一想，是什么样的特质使得青瓷长盛不衰，直到今天仍时常出现在我们的社会生活中？

陶院落

初识文物

这件1700多年前制作的陶院落，是三国时期的房屋模型。它看起来是不是很眼熟？仔细观察，说说它和今天的四合院有哪些相同和不同之处。

陶院落
三国·吴

深入探究

三国两晋南北朝时期的房屋建筑基本延续了东汉的造型。你知道东汉时期的坞堡和望楼是什么样子吗？它们的出现反映了怎样的社会状况？结合以下文物，说说它们“特殊”的结构是为何而建，又起到了哪些作用。

陶坞堡
东汉

宅院画像砖
东汉

绿釉陶楼
东汉

文化参与

你知道窑洞和土楼分别是哪些地区的传统民居吗？它们和北京常见的四合院都是合院式建筑，你能说说它们在造型、结构和布局上都有什么特点吗？这体现了中国人怎样的居住理念？

邓县画像砖

初识文物

这组画像砖中描绘的内容丰富而多元，既有现实中的日常生活，也有想象中的精神世界，体现了南北融合、东西交汇的时代特征。结合这一部分你已经了解的其他文物，说说画像中的哪些元素反映了这样的特征。

邓县画像砖
南朝

深入探究

线条向来是中国绘画艺术的灵魂所在，它们既可以勾勒动植物的形状，又能够表现人物的性格和气质。请观察来自甘肃嘉峪关的画像砖和江苏南京的模印砖画拓片，试着从画了什么、怎么画等方面说说它们和邓县画像砖有哪些异同之处。

邓县画像砖
南朝

嘉峪关画像砖（临摹品）
魏晋

竹林七贤和荣启期模印砖画（局部，拓片）
南朝

文化参与

你听过“画龙点睛”的故事吗？它的主角张僧繇（yáo）就是三国两晋南北朝时期的画家。虽然当时社会动荡不安，但艺术却生机勃勃，惠及后世。你还知道哪些这时期的画家、文学家、书法家以及他们的作品？请你查阅资料，了解三国两晋南北朝时期的艺术具有怎样的风格特色。

《职贡图》卷北宋摹本

初识文物

《职贡图》卷的作者萧绎曾是南朝梁的皇帝。萧绎为何要绘制这样一幅画？除了描绘朝贡使者的人物形象，他还记录了什么信息？

《职贡图》卷
北宋摹本

深入探究

请你仔细观察《职贡图》卷中人物的外貌、衣着，并结合文物，说一说南北朝时期中国已经和哪些国家、地区开展了政治、经济、文化等方面的交流。

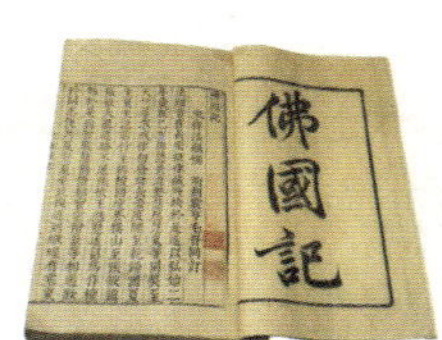

《佛国记》
成书于东晋

鎏金银壶
北周

鎏金镶嵌高足青铜杯
北魏

文化参与

从古至今，国家、地区间活跃的交流、交往从未停止。你知道中华人民共和国独立自主的和平外交政策与和平共处五项原则吗？请你查阅资料，了解制定它们的时代背景，并说一说它们体现的原则与智慧。

网纹玻璃杯

初识文物

这件网纹玻璃杯虽然出土于河北景县，却是不折不扣的“舶来品”。你知道它出产于哪个曾经最擅长制造玻璃器的国家吗？它又是怎样跋山涉水来到中国的？

网纹玻璃杯
北魏

深入探究

玻璃的原料主要是二氧化硅，但如果在制作时加入含其他化学元素如钙、钠、铅、钡、钾、铁的材料，就会对玻璃的透明度、硬度、颜色等产生影响。你能辨别出这两件古代的玻璃器哪件是中国本土生产，哪件是进口的吗？你知道哪些制作原料、方法和使用观念上的差异导致了二者的差别吗？

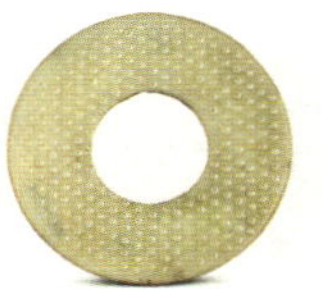

仿玉谷纹玻璃璧
战国

玻璃碗
东汉

文化参与

20世纪80年代，中国本土生产玻璃的企业逐渐崛起，彻底改变了中国汽车玻璃市场100%依赖进口的历史，并在之后成功打入北美、欧洲市场。今天的中国，不仅绝大部分工业产品已经无需依赖进口，并且正力图实现由“制造大国”向“创造强国”的转变。你觉得在日常生活中，有哪些“国货之光”体现了中国日益进步的创造与创新能力？

单元总结

在这一单元，“中国靴子”改变了古代中国的作战方式，也为欧洲“骑士时代”的到来创造了条件；元羽墓志见证了鲜卑统治者促进民族交融的努力；《齐民要术》集合了南、北方农业发展的经验；青瓷莲花尊体现了佛教对中国的影响，也展示了瓷器制作水平的提升；陶院落是当时豪强大族应对战乱的一片小天地；邓县画像砖再现了时代的文化交汇和艺术追求；《职贡图》卷反映了活跃的民族交往和中外交流；网纹玻璃杯则是丝绸之路贸易往来的实物证据。

完成本单元的学习后，如果让你向小伙伴们介绍中国的三国两晋南北朝时期，你会选用哪几个关键词呢？请你围绕这几个关键词绘制思维导图。

我做文化使者

为你最了解或喜爱的三国两晋南北朝人物画一幅画吧！他该穿什么样的衣服，住什么样的房子，用什么样的生活器具呢？请你结合本单元学习的内容，尽情发挥想象。

本单元内容设计：戴　萌

本单元活动设计：万　珺　秦福来　申欢欢　王小琼　王　允　刘　薇　杨　萌　刘京闽

隋唐五代时期

公元581年至公元960年的隋唐五代时期，是中国全面繁荣发展的时期。各族往来与中外交往空前活跃，中华文化海纳百川，焕发出蓬勃的生命力，在世界文明史上谱写了壮丽篇章……

你是否知道：

唐太宗为何会被称为“天可汗”？
国际大都市“长安”有哪些生活时尚？
海外华人聚居地为何被称为“唐人街”？

带着这些问题，让我们走进“隋唐五代时期”……

本单元的8件（组）文物，体现着隋唐五代时期强盛的国力、多彩的生活、辉煌的文化与交流互鉴的中外文明。请依据展厅文物地图，去发现它们的“历史位置”。

本单元文物地图

入口 ② ① ⑥ ⑤ ④ ③ ⑦ ⑧ 出口

①三彩釉陶骆驼载乐俑　②彩绘浮雕武士石刻　③鎏金银香囊　④饺子、点心及食具
⑤白瓷茶具及陆羽像　⑥彩绘陶打马球女俑　⑦玄奘题名石佛座　⑧嵌珍珠宝石金项链

三彩釉陶骆驼载乐俑

初识文物

三彩器虽名为“三彩”，釉色却不止三种。你在这件陶俑上能找到哪几种釉色？请观察陶俑中的人物，说说他们的外貌有什么特点。你认为现实生活中会有五人乐队在骆驼背上演奏的情景吗？请给出理由。

三彩釉陶骆驼载乐俑及局部
唐

深入探究

交领右衽是汉族传统服饰的重要特征，即衣领交叠在胸前，衣襟向右掩。唐代男子的日常服饰大量借鉴“胡服”元素，发生了明显变化，就像三彩釉陶骆驼载乐俑上五个人物的穿着所显示的那样。请观察这两幅图，列举唐代日常服饰与汉族传统服饰在样式上的不同点。

陶官吏俑
西汉

三彩釉陶骆驼载乐俑（局部）

文化参与

“葡萄美酒夜光杯，欲饮琵琶马上催”是唐诗《凉州词》中的名句。《凉州词》并不是诗题，而是凉州曲调的唱词。唐代很多诗人为凉州曲调填词，先后涌现出100多首《凉州词》。凉州是今天的什么地方？这里的曲调是怎么形成的，为什么会流行？请你试着找找答案吧。

演奏陶俑
唐

彩绘浮雕武士石刻

初识文物

这件彩绘浮雕武士石刻出土于河北保定曲阳的一座五代时期的大墓中。他肩立凤鸟，脚踏牛形怪兽，立在甬道中，像“门神”一样镇守着大墓。这里武士的形象为什么表现得这样奇特与夸张？

彩绘浮雕武士石刻
五代·后唐

深入探究

彩绘浮雕武士石刻颇有大唐遗风。唐代是中国雕塑的辉煌时代，皇家陵墓前有很多著名的石雕作品，例如：“昭陵六骏”表现了随李世民征战疆场的六匹战马的英姿；武则天之母杨氏的顺陵前，矗立着3米多高的石狮。请观察这两件文物，说说唐代石雕在造型、气势上有什么特点。

昭陵六骏·青骓
唐

石狮
唐

文化参与

这对彩绘浮雕武士石刻都经历了海外漂泊，一件是我国政府用法律手段成功叫停商业拍卖，从美国追索回国的；另一件是美国收藏家安思远无偿捐献给我国的。近年来，我国在主动、有序地推进流失文物的追索返还工作。如何让更多漂泊在外的文物回家？请提出你认为合理、可行、有智慧的方案。

安思远捐献

依法追索

鎏金银香囊

初识文物

在你的印象中，中国传统的香囊一般是什么材质、什么样子的？与这件香囊有何不同？这件香囊是怎么使用的？为什么里面盛放的香料不会洒落？

鎏金银香囊
唐

深入探究

中国香文化内涵丰富。以下几件器物反映着不同时期的香文化，请将它们与对应的描述连线。

青铜爵 夏

彩绣云纹香囊 汉

文人以熏香为雅事，喜爱造型简约、色彩淡雅的瓷香炉

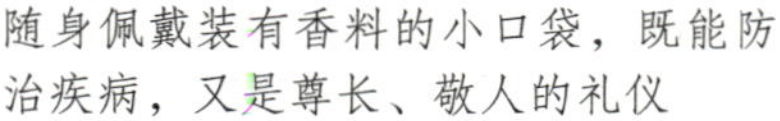

随身佩戴装有香料的小口袋，既能防治疾病，又是尊长、敬人的礼仪

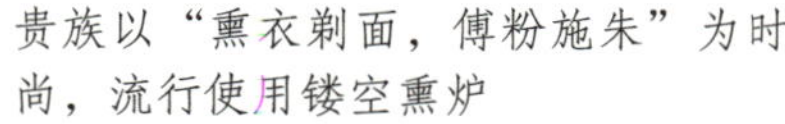

贵族以“熏衣剃面，傅粉施朱”为时尚，流行使用镂空熏炉

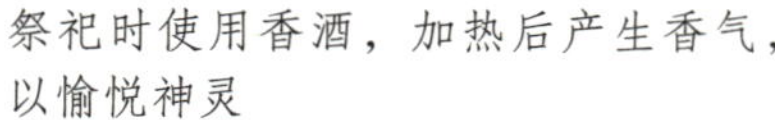

祭祀时使用香酒，加热后产生香气，以愉悦神灵

青釉香薰 西晋

官窑粉青釉三足瓷炉 南宋

文化参与

鎏金银香囊将科技之智与工艺之美巧妙结合。今天，科学与艺术的关系仍然引起人们的广泛讨论。有人说“科学与艺术事实上是一个硬币的两面”，也有人说“科学与艺术毕竟是两片水域”。你对此问题的观点是什么呢？

饺子、点心及食具

初识文物

这组饺子和点心是唐代的食物，出土于新疆吐鲁番。请你结合相关知识（如气候特点、微生物生存条件等）说一说为什么这些食物能保存一千多年。原本流行于中原地区的饺子，为什么会在唐代出现于西域？

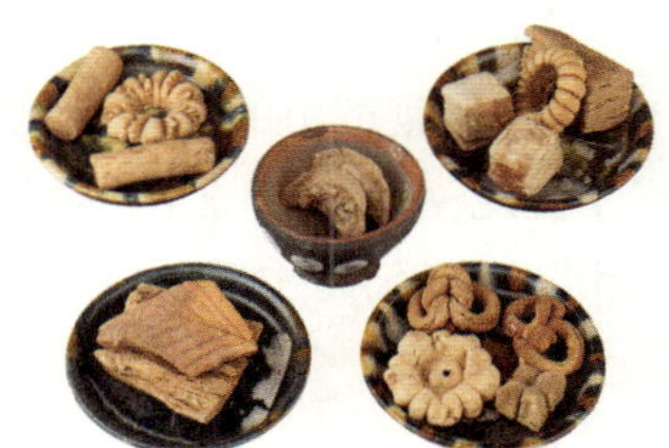

饺子、点心及食具
唐

深入探究

我们现在只把形状扁平的面食称为“饼”。而在古代，“饼”是各种面食的统称，用水和（huó）面制作而成。请根据这两组文物，说一说古人是怎样把粮食变成“饼”的。

陶磨、碾、碓和井栏
唐

彩绘劳动女俑
唐

文化参与

胡桃、胡椒、番茄、番薯、洋葱、洋芋（土豆）、洋白菜（圆白菜）……这些我们今天常吃的食物，其实都是从异域传入中原的。同样是外来食物，为何有“胡”“番”“洋”之分？这与它们的产地和传入时间有什么关系？请你与小伙伴们一起探索其中的奥秘吧。

白瓷茶具及陆羽像

初识文物

这组瓷器中有五件茶具，分别是研碾茶末用的茶臼，煎茶用的风炉、茶鍑，点茶用的茶瓶，以及盛茶渣的渣斗。请根据它们各自的用途，讲一讲当时煮茶、饮茶的方法。

白瓷茶具及陆羽像
五代

深入探究

唐宋时期，人们用碗、盏饮茶；明代以来，茶壶开始被大量使用；清代又一度流行盖碗。不同时代为何流行不同的茶具？如果让你设计一款适合今天人们饮茶习惯的茶具，你有什么创意？

葵口浅底白瓷碗
唐

粉彩雨中烹茶园景题诗茶壶
清

玉刻花诗文盖碗
清

文化参与

茶文化不仅在中国源远流长，还在世界上广泛传播。很多国家都形成了独特的茶文化，请你举例说一说你了解的茶文化。

油滴天目建盏
宋

配英式银质壶嘴的黄地釉上彩茶壶
1700 年

彩绘陶打马球女俑

初识文物

"自教宫娥学打毬，玉鞍初跨柳腰柔。"（五代后蜀·花蕊夫人《宫词》）

盛行于唐代的马球运动，在诗人笔下有很多生动的描写。请观察这组陶俑，结合上述诗句说一说，哪些细节可以使我们断定她们在打马球。

彩绘陶打马球女俑
唐

深入探究

中国中原地区早在东汉时期就有马球运动，一直延续到明代。然而说起马球的故事，我们会不约而同地聚焦唐代。为什么只有唐人把马球打出了名气？请你结合唐代的时代特点和马球爱好者的身份分析一下。

大明宫含光殿"毬场"石志
唐

文化参与

"击鞠（jū）"是马球运动在古代的名称之一，"鞠"指的是皮球。除了"击鞠"，"蹴（cù）鞠"也是古人喜爱的运动，从战国时期到清代一直很流行。请结合文物图片，说说蹴鞠与今天哪种运动相似。古人有哪些精彩的蹴鞠玩法？请你查阅资料，给小伙伴们讲一讲吧。

蹴鞠纹青铜镜
宋

玄奘题名石佛座

初识文物

这件石佛座上刻有“大唐龙朔二年三藏法师玄奘敬造释迦佛像供养”。玄奘就是《西游记》中“唐僧”的原型，这件石佛座讲述着玄奘的什么故事？

玄奘题名石佛座
唐

深入探究

在《西游记》中，唐僧作为“御弟圣僧”西行取经，与徒弟们一路降妖除魔，经历了九九八十一难，终于取得真经，在西天成佛。真实的“唐僧”玄奘并没有这些神话的光环，却流芳千古，为世代所景仰。你知道玄奘的哪些历史贡献呢？

唐写本《大般若波罗蜜多经》
（玄奘译，复制品）

文化参与

2020年，日本汉语水平考试事务所捐赠给湖北高校一批新冠肺炎疫情救援物资，外包装的标签上写着“山川异域，风月同天”。这句话令中国人深受感动，也体现出中日之间深厚的人文渊源。中国古代高僧在中外文化交流中发挥了重要作用，你知道的都有谁？请与大家分享他们的故事吧。

鉴真干漆坐像
8世纪

嵌珍珠宝石金项链

初识文物

这条项链发现于隋代一位9岁的贵族女孩李静训的墓葬中。它采用黄金、宝石、珍珠等多种原料，集合雕刻、镶嵌等多种工艺，还装饰着来自外国的花角鹿图案。请描述一下这条项链给你的印象。

嵌珍珠宝石金项链
隋

深入探究

李静训墓出土了不少异域珍宝。专家推测，她这条金项链的原产地可能在今天的巴基斯坦或阿富汗，而她曾祖父李贤的墓中有装饰古希腊神话图案的器物，这反映出怎样的时代背景？

嵌珍珠宝石金项链（局部）
多面金珠及红色、蓝色宝石
隋

文化参与

材料贵重、工艺精致往往是人们对首饰的追求，但当代艺术对首饰的材料选择出现了不强调贵重而强调观念表达的现象，3D打印等新技术也被运用到首饰的制作中。对此你有什么看法？

单元总结

在这一单元，三彩釉陶骆驼载乐俑带我们重回盛世；武士石刻见证着前世今生的不渝守护；鎏金银香囊将科学与艺术、财富与情趣融于一体；新疆出土的饺子、点心及食具将饮食文化的融汇永久凝固；白瓷茶具及陆羽像堪称中国茶文化源流的缩影；打马球女俑体现着开放昂扬的时代风貌；玄奘题名石佛座是伟大文化使者的珍贵遗物；嵌珍珠宝石金项链串起了交相辉映的多元文明。

完成本单元的学习后，如果让你向小伙伴们介绍中国的隋唐五代时期，你会选用哪几个关键词呢？请你围绕这几个关键词绘制思维导图。

我做文化使者

1921年前后，鲁迅先生计划创作一部唐代题材的剧本《杨贵妃》。他的学生孙伏园回忆这段往事时写道：

他（鲁迅）觉得唐代的文化观念，很可以做我们现代的参考，那时我们的祖先们，对于自己的文化抱有极坚强的把握，决不轻易动摇他们的自信力；同时对于别系的文化抱有极恢廓的胸襟与极精严的抉择，决不轻易的崇拜或轻易的唾弃。这正是我们目前急切需要的态度。

（孙伏园：《杨贵妃》，选自《鲁迅先生二三事》）

请你以本单元的2～3件文物为例，对鲁迅先生的观点进行解析，并谈谈唐代的文化观念对我们今天有什么启示。将你的成果与小伙伴们分享吧。

本单元内容设计：王　溪

本单元活动设计：王　冉　王　允　雷　明　王小琼　杨晓蓓　万　珺

辽宋夏金元时期

公元10世纪初至公元1368年是我国的辽宋夏金元时期。此时，中华文化在创新互鉴中再次走上高峰：众多发明创造完成并远播世界，商品经济繁荣发达，文化风尚出现雅俗共赏的局面……

你是否知道：

为什么很多现代中国文人想穿越到宋朝？
这一时期中国还产生了哪些影响世界的科技成果？
为什么有学者评价宋朝是一个“站在近代门槛上的王朝”？

带着这些问题，让我们走进“辽宋夏金元时期”……

本单元的8件文物，讲述着辽宋夏金元时期多民族的交融，两宋高度发达的物质文化与精神文化有关的故事。请依据展厅文物地图，去发现它们的“历史位置”。

①《女真进士题名碑》拓片　②汝窑洗
③“济南刘家功夫针铺”广告青铜版
④“丁都赛”戏曲雕砖　⑤《洗冤集录》
⑥“南海Ⅰ号”出水瓷器　⑦针灸铜人
⑧《水竹居图》轴

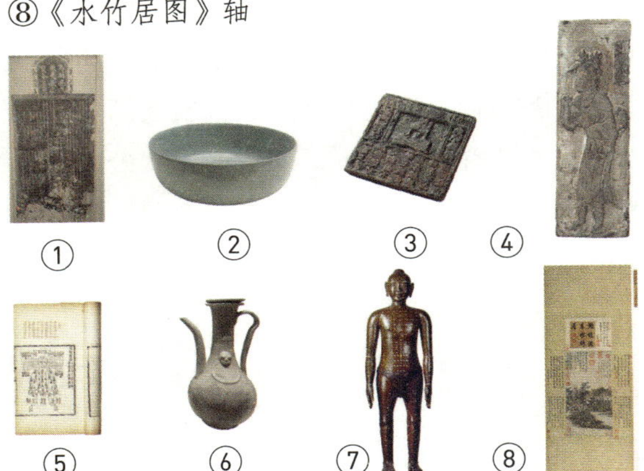

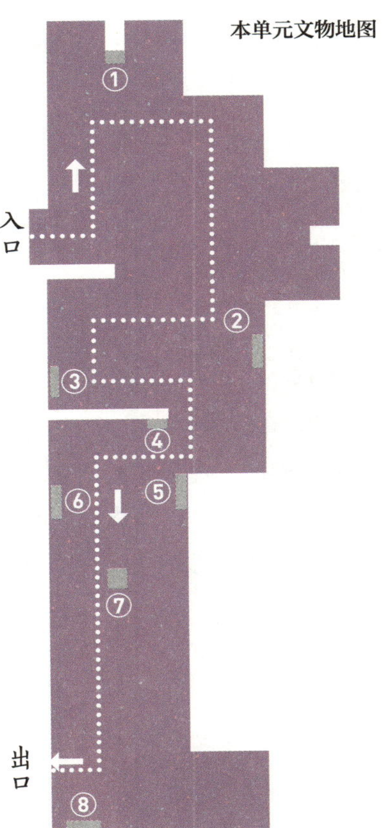

《女真进士题名碑》拓片

初识文物

金榜题名是古代读书人梦寐以求的喜事。这块女真进士题名碑是金人刻于石头之上的“金榜”，你认识碑上的文字吗？请试着推测一下，金榜上除了刻有人名，还会记录哪些内容？

《女真进士题名碑》拓片

金

《女真进士题名碑》拓片（局部）

深入探究

金朝在继承发展唐宋科举制度的基础上开科取士，还创立了女真进士科。请找到展厅中这三件文物，看看它们都分属于哪些民族政权？你如何看待这些民族政权对汉族科举制度的学习借鉴？

西夏文“敕燃马牌”青铜敕牌

鎏金银鞍桥饰

“白兰王”鎏金铜印

文化参与

科举制出现之前，中国古代的官员选拔有“察举制”和“九品中正制”等。与此前的制度相比，设科举士有什么优点？科举制对中国的政治文明和社会文化发展产生了哪些深远影响呢？时至今日，我们的生活中依然有各种各样的考试，如中高考、公务员考试、职业技能考试等，你怎样看待现存的考试制度？

汝窑洗

初识文物

人们曾用“雨过天青”来形容宋代的汝瓷。这件汝窑洗是放在桌案上盛水洗笔的器具，是文人雅士的心头所好。请仔细观察，说说你还会用哪些词语来描绘它。为什么汝瓷被公认为宋瓷中的“魁首”？

汝窑洗
北宋

深入探究

汝窑与哥窑、官窑、钧窑、定窑并称为宋代五大名窑，请你在展厅中找到五大名窑的代表器物，从釉色、纹饰等角度，说说代表着皇家风范的五大名窑与磁州窑等民间窑口的瓷器在艺术风格上有什么不同。

哥窑鱼耳炉
南宋

官窑青釉贯耳瓶
南宋

磁州窑白釉黑彩莲花纹枕
宋

吉州窑彩绘海涛纹瓷瓶
宋

文化参与

汝窑追求360度无死角的施釉，拥有增一分嫌多、去一分则少的造型艺术，反映了宋代工匠的精益求精。这种“工匠精神”还体现在中国国家博物馆展出的很多文物上，你能找到它们吗？这样的“工匠精神”对我们今天的学习生活有怎样的启示？

江千里制黑漆嵌螺钿执壶
明

透雕花卉纹玉香薰炉
清

粉彩镂空转心瓶
清

“济南刘家功夫针铺”广告青铜版

初识文物

宋代济南刘家功夫针铺的广告青铜版，是目前已知世界上最早的商品广告实物资料。这份广告中的哪些创意给你留下了深刻印象？

“济南刘家功夫针铺”
广告青铜版
宋

深入探究

宋代商家为了在市场竞争中脱颖而出，在产品商标和广告文案上下足了功夫。请你在展厅中找到这枚青铜镜，仔细观察上面的铭记，说说与针铺的商标广告有什么区别。它们又与今日的广告有何异同？

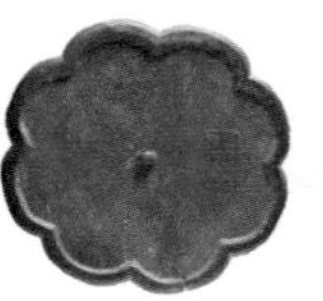

湖州仪凤桥石家真正一色青铜镜
宋

湖州仪凤桥石家真正一色青铜镜（局部）

文化参与

广告是商业活动中的营销手段，也是思想意识和价值观念的传递。诚信是广告中应遵守的道德法则，也是经商的制胜宝典。你知道哪些商业诚信的小故事？请你结合生活中的事例，说一说为什么在商品经济高速发展的今天，我们依然强调诚信。

“丁都赛”戏曲雕砖

初识文物

北宋雕砖上这位拱手作揖的女性身着男装，包着头巾，簪着花簇，足蹬高筒靴，腰间系帕带，身后还别着一把团扇，装扮讲究。雕砖右上角刻着她的名字“丁都赛”，你能从服饰装扮、体态姿势等角度猜猜丁都赛的职业吗？

“丁都赛”戏曲雕砖
北宋

深入探究

戏曲的源头可以追溯到上古时期的祭祀活动，目的在于模仿、愉悦神灵。先秦之后，表演艺术由“娱神”向“娱人”转变。到了宋元时期，歌舞百戏、滑稽表演和说唱艺术的汇合，最终发展出成熟的戏曲形式。请你按照时代将下列文物排序，说说这些技艺中的哪些特征被戏曲艺术所吸收。

参军戏俑
唐

击鼓说唱俑
西汉

舞蹈纹彩陶盆
新石器时代 马家窑文化

文化参与

走过了“娱神”阶段的中国戏曲，在宋元时期形成集“唱、念、做、打”于一体的崭新形式。国学大师王国维曾说：“唐之诗，宋之词，元之曲，皆所谓一代之文学。”你知道哪些元曲剧目？为什么元曲被评价为“一代之文学”？作为文化复兴战略的组成部分，戏曲进校园活动搭建了联通过去与未来的文化桥梁，请你为该活动的实施提出建设性的意见。

《洗冤集录》

初识文物

案件发生后，如何去寻找真相？这本出自宋代提刑官宋慈之手的《洗冤集录》就是一本“破案指南”，它是世界上第一部系统性的法医学专著，比西方最早的同类著作早了350多年。你知道宋慈编写《洗冤集录》的初衷是什么吗？

《洗冤集录》
南宋 此本为清道光二十三年（1843）刊本

深入探究

现代纪录片《法医宋慈》，通过古今案例的对比，歌颂了宋慈贵在精专、追求真相的精神，同时展现了八百年间法医学的演进与发展。《染皮案》中以瞻、察、视、审等方法鉴别伪造伤和致命伤，《茅屋案》中由死者的颈后伤排除自杀，《晒镰案》中利用苍蝇聚集在镰刀上来分辨杀人凶器。请你认真观看纪录片，说说其中案件里所应用的古今检验方法有哪些异同。

文化参与

人类对司法公正的追求永无止境，集医学、生物学等于一体的法医学屡屡帮助刑侦人员找到蛛丝马迹，破案追凶。你知道随着科学的发展，现代法医学又有哪些最新的检测技术吗？这些技术的革新表现了人们怎样的追求？

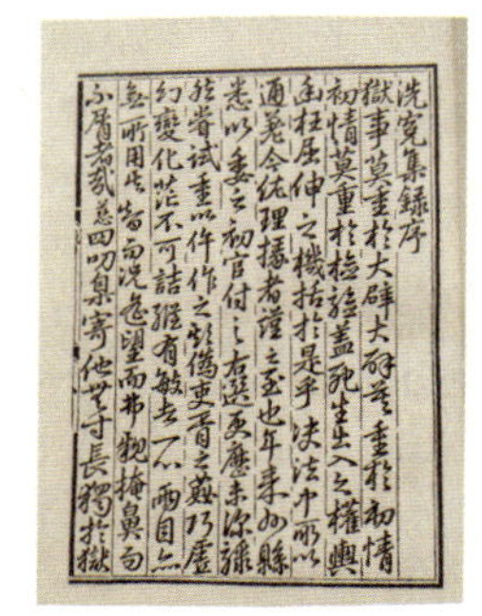

洗寃集録序
獄事莫重於大辟大辟莫重於初情初情莫重於檢驗蓋死生出入之權輿幽枉屈伸之機括於是乎決法中所以通著令佐理掾者謹之至也年來州縣悉以委之初官付之右選更歷未深或失於嘗試重以仵作之欺偽吏胥之奸巧虛幻變化茫不可詰縱有敏者一心兩目亦無所用其智而況遙望而弗親掩鼻而不屑者哉慈四叨臬寄他無寸長獨於獄

《洗冤集录》序
清刊本

“南海Ⅰ号”出水瓷器

初识文物

瓷器是“南海Ⅰ号”上最大宗的货品。通过釉色和造型可以看出，它们来自不同地区的窑口。为什么瓷器会成为海上丝路中最重要的商品？它们有可能出售到什么地方？

“南海Ⅰ号”出水瓷器
南宋

深入探究

宋元时期发达的海外贸易离不开高超的造船术和航海术。“南海Ⅰ号”是一艘典型的福船。福船是对产自福建、江浙一带海船的统称，拥有水密隔舱等多项先进设施和技术，是远洋航运界的翘楚。请你对比河船的轮廓图，说说福船在造型上有哪些特点。你还知道宋代有哪些利于航海的“黑科技”吗？

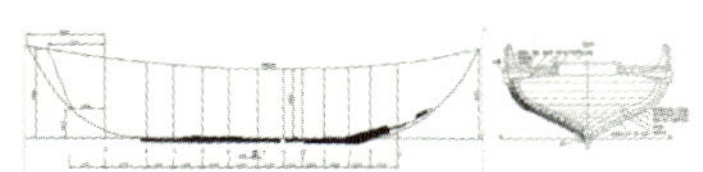

福船轮廓图（海南西沙群岛出水）

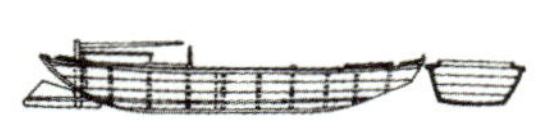

河船轮廓图（河北磁县出土）

水浮法指南针复原模型
宋

文化参与

为了发掘与保护“南海Ⅰ号”沉船，1986年中国历史博物馆（今中国国家博物馆）成立水下考古学研究室。经过20年的实践与探索，2007年“南海Ⅰ号”被整体打捞出水，这一历程是我国水下考古事业从无到有，进而领先世界的见证。你愿意成为一名考古工作者吗？试想一下，在科学技术提供的新手段、新工具的帮助下，未来的考古工作会是什么样子的呢？

针灸铜人

初识文物

针灸是中国传统医学的重要组成部分。为了加强针灸教学的效果，北宋太医王惟一制作了针灸铜人，作为医学教学和考试的教具。请你观察针灸铜人，并结合十二经络体表分布图，找一找任督二脉，并猜一猜针灸铜人是如何在教学中应用的。

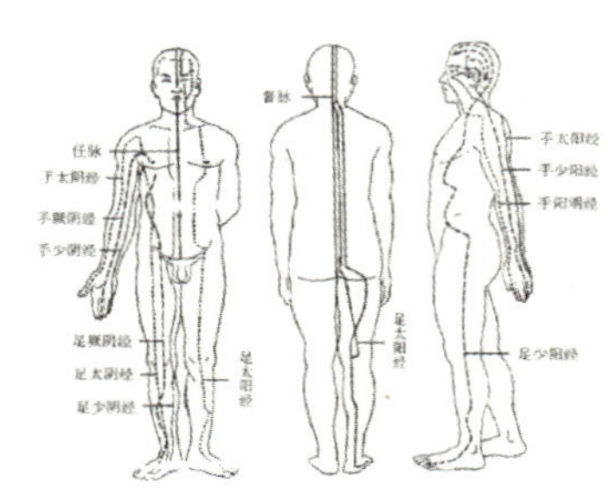

十二经络体表分布示意图

针灸铜人

北宋 此件为明正统八年（1443）仿北宋样式铸造

深入探究

北宋时期，政府推行仁政，医学发展到新阶段。中央建立太医局，大规模发展医学教育，不仅制定了官方教材推行全国，还实行了分科、分专业的体制化医学教育。联系展厅中的文物，说说它们体现了宋代医学哪些方面的成就。

《重修政和经史证类备用本草》

宋

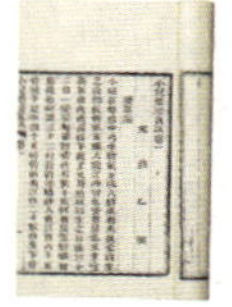

《小儿药证真诀》

宋

《新铸铜人腧穴针灸图经》刻石

北宋

文化参与

2015年，中国科学家屠呦呦获得诺贝尔生理学或医学奖，发表了关于青蒿素对维护世界人民健康具有重要意义的获奖感言；2020年，新冠肺炎疫情肆虐，中医药在抗疫中发挥了独特优势。你的生活中有应用中医的事例吗？请说说你对中医的认识。

《水竹居图》轴

初识文物

倪瓒是元代著名的文人画家。他的这幅《水竹居图》融合了诗、书、画、印多种元素，体现了诗书入画、画中有情的画坛新风尚。请仔细品读画上的诗句、题跋和章款，讲一讲有关这幅画的故事。

《水竹居图》轴
元

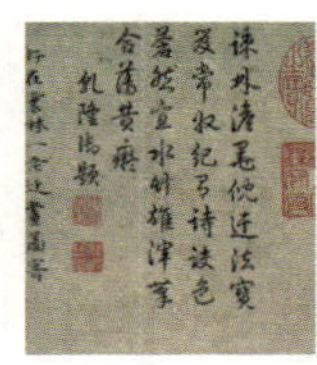

《水竹居图》轴（局部）

深入探究

古代的文人画也称“士大夫写意画”。陈师曾认为，它和其他类型画作的主要区别在于画中带有文学性质、含有文人趣味；不在画中考究艺术上之工夫，而于画外看出许多文人之感想。观察以下这四幅画作，你能看出它们在内容、风格上有什么差别吗？哪些更为写实？哪些偏重写意？

《果熟来禽图》团扇面
北宋

《游鱼图》轴
清

《千里江山图》卷（局部）
北宋

《溪山雨意图》卷（局部）
元

文化参与

西方古典绘画强调写实，注重对事物的客观描绘。但在19世纪中期至20世纪初期，在东西方艺术观念、表现方式的碰撞、交融中，西方绘画出现了以印象派为代表的注重主观表达的画派。请你结合右侧的绘画作品，并查阅资料，试着说一说印象派与中国的文人画有什么相通之处。

《日出 · 印象》
莫奈

单元总结

在这一单元，典雅端庄的汝窑洗体现了宋朝高超的手工业技术和极简主义的审美情趣；应用于航海的指南针、神奇精巧的针灸铜人与法医学的开山之作《洗冤集录》，闪烁着耀眼的科技与人文之光；针铺的广告青铜版与曾深藏海底后被整体打捞的“南海Ⅰ号”，展现了宋朝发达的社会经济与繁盛的海外贸易；女真人的“金榜”是女真文化与汉文化交融的见证；戏曲雕砖与《水竹居图》轴分别反映了宋元时期市民文化的“世俗”和文人画的“文雅”。

完成本单元的学习后，如果让你向小伙伴们介绍中国的辽宋夏金元时期，你会选用哪几个关键词呢？请你围绕这几个关键词绘制思维导图。

我做文化使者

曾有媒体开展“你想穿越到哪个朝代”的调查活动，宋朝的得票率极高。请你依据展厅里的宋朝文物，结合自己通过阅读著作或上网查找获得的信息，从衣、食、住、行等方面，为穿越到北宋开封城的现代人，写一份《宋朝生活指南》。

本单元内容设计：杨小燕

本单元活动设计：刘秀梅　李　岩　徐　雁　黄　振　王　冉　陈彦昭　于鸿雁　孟海燕　孙凌云　于　明

明清时期

公元1368年至公元1840年的明朝和清前期，是中国传统农耕文明最后的辉煌。七下西洋的壮阔船队出现在这一时期，现代中国的版图奠定于这一时期，著名的康乾盛世出现在这一时期……

你是否知道：

郑和下西洋与西方近代殖民扩张有何本质的不同？

为什么说现代中国的版图定型于明清时期？

为什么说“康乾盛世”是“落日的余晖”？

带着这些问题，让我们走进“明清时期”……

本单元的8件文物，讲述着明清时期社会经济的发展、中外关系的变化以及统一多民族国家的进一步发展，请依据展厅文物地图，去发现它们的“历史位置”。

本单元文物地图

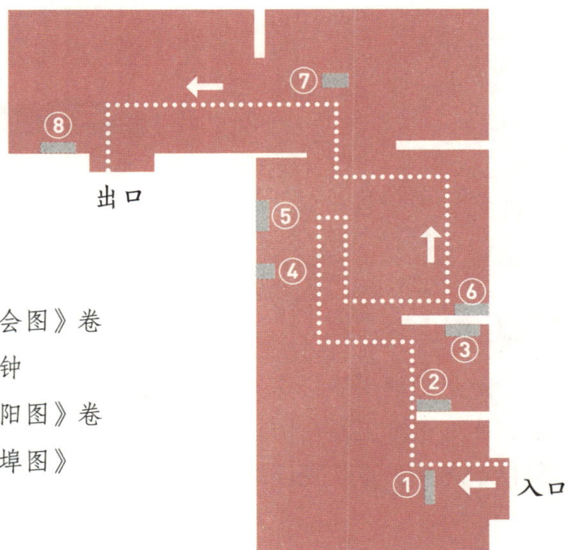

①青花海水云龙纹扁瓶　　②《南都繁会图》卷

③“大明通行宝钞”壹贯钞　　④郑和铸铜钟

⑤“万历十年登州戚氏”军刀　　⑥《巡视台阳图》卷

⑦霁青釉金彩海晏河清尊　　⑧《香港开埠图》

①

②

③

④

⑤

⑥

⑦

⑧

青花海水云龙纹扁瓶

初识文物

青花属釉下彩瓷器，以氧化钴为呈色剂。钴料有进口和国产之分，进口的钴料叫苏麻离青。这件青花海水云龙纹扁瓶诞生于青花瓷的黄金时期——明代永乐、宣德时期，它呈现出如宝石般的深蓝色，你猜它用的是进口钴料还是国产钴料？

青花海水云龙纹扁瓶
明

深入探究

元明时期以青花为代表的釉下彩瓷大量烧制成功，这是中国瓷器发展史上的一个里程碑。元明之前的瓷器以单色釉装饰为主，下图是元明青花瓷与宋代瓷器的对比，请你探究一下它们在烧造工艺和艺术风格方面有什么不同。

汝窑洗
北宋

官窑青釉贯耳瓶
南宋

青花云龙象耳瓶
元

青花折枝花果纹执壶
明

文化参与

青花瓷自诞生以来，深受世界各国人士的追捧，并影响了很多国家和地区的制瓷业，比如日本工匠在仿制景德镇青花瓷的过程中创造出伊万里烧。请你查阅资料，说说除日本之外，青花瓷还影响了哪些国家的瓷器制造业发展。

《南都繁会图》卷

初识文物

《南都繁会图》卷反映了明代后期南京城市经济和社会生活的景象。“街市”部分是全画的重点，共出现各色店铺招幌百余个。明代小说《拍案惊奇》中说到“三百六十行”，在这幅画中，你能找出多少“行”？

《南都繁会图》卷（局部）
明

深入探究

明代中后期，商品经济空前活跃。今天的北京、南京、苏州和杭州是当时著名的商业城市。下图从不同角度描绘了明代的社会经济和市民生活，请你选择小组合作方式，用查阅文献、寻找纪录片、调查研究等多种方法深度探讨“明朝时期经济的繁荣”。

《宪宗元宵行乐图》卷（局部）
明

《皇都积胜图》卷（局部）
明

《货郎图》轴
明

文化参与

《南都繁会图》卷再现了明代南京的城市风貌。如今，这座魅力古都焕发出新时代的光彩。与明代南京城相比，今天南京秦淮河两畔发生了哪些行业变化？你能为南京这座“创新名城”规划一幅城市发展蓝图吗，你将会打造哪些新兴产业？同样，你能尝试为你的家乡规划一幅城市建设的蓝图吗？

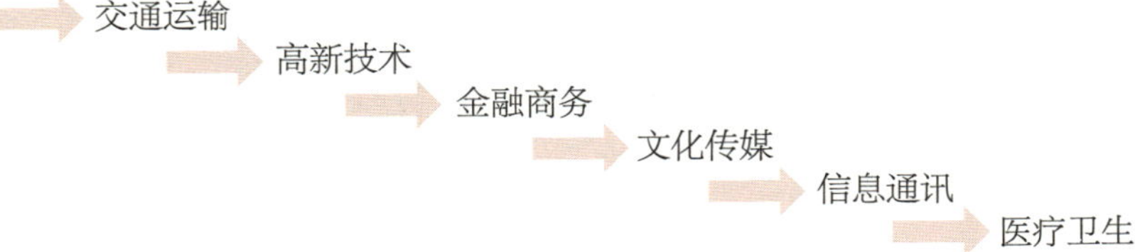

“大明通行宝钞”壹贯钞

初识文物

“大明通行宝钞”壹贯钞是中国古代票幅最大的纸币，由明朝官方发行。请观察图片，根据上面的信息说说这张“大明通行宝钞”壹贯钞相当于多少铜钱。你能从中发现当时为防止伪造纸币采取了哪些措施吗？

“大明通行宝钞”壹贯钞
明

深入探究

下图展示了我国古代不同时期的各类货币，你知道它们分别属于哪个时期吗？“孔方兄”是中国古人对钱的别称，说说为什么称钱为“孔方兄”。北宋时期，四川地区出现的交子是世界上最早使用的纸币。相较于其他货币类型，纸币具有哪些优势及不足？

货贝　布币

三官“五铢”青铜钱

“开元通宝”青铜钱

北宋纸币（印样复印）

文化参与

新时代的中国货币流通方式正在迎来新的发展和突破。数字人民币是由中国人民银行发行的数字形式的法定货币，目前先行在深圳、苏州等地进行试点测试。你认为数字人民币在正式落地发行后将会给我们的日常生活带来怎样的变化？你认为虚拟货币会得到广泛接受、认可甚至取代传统货币吗？

郑和铸铜钟

初识文物

在明朝的铜钟里，郑和铸铜钟不算大，铸造技术也并不独特，但却屡屡被人们提起。你觉得它受关注的原因是什么呢？结合铭文，说说当时铸造这一铜钟的目的是什么。

郑和铸铜钟
明

深入探究

你能在《郑和航海图》上找到郑和的船队都曾到过哪些地方吗？郑和下西洋将哪些中国的商品和技术传到海外，同时又带回哪些国外的奇珍异物？

《郑和航海图》摹绘（局部）

孝端皇后凤冠
明

《榜葛剌进麒麟图》轴
清

文化参与

2005年7月11日是中国伟大航海家郑和下西洋600周年纪念日，这一天也被选定为“中国航海日”。你还知道哪些世界著名的航海家？你觉得为什么直到今天，东南亚人民还在称颂郑和？

“万历十年登州戚氏”军刀

初识文物

这把军刀上刻有“万历十年登州戚氏”八个字，它吸收了日本倭刀的优点，刀身又窄又长，刀尖弧度较大。由此，你能联想到哪位历史人物？你知道他的主要事迹吗？

“万历十年登州戚氏”军刀
明

深入探究

为了克敌制胜、消除倭患，戚继光在战术阵法上首创了“鸳鸯阵”，在武器军备上发明了“狼筅（xiǎn）”，大大提高了战斗力。此外，明代海防政策的变化也为剿灭倭寇提供了双重保障。你知道明代海防政策发生了什么变化吗？这对解决倭患发挥了怎样的作用？

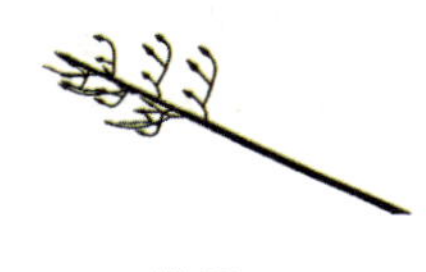

狼筅

文化参与

国防和军队建设是维护国家和平稳定的“利器”。你知道新时代我国维护国家安全的“利器”吗？大国风范的根基在于国力的强盛，对外开放政策也是促进国家发展和强盛的“法宝”。你能用实例说明当今中国对构建“人类命运共同体”做出的巨大贡献吗？

《巡视台阳图》卷

初识文物

《巡视台阳图》卷（局部）
清

《巡视台阳图》卷描绘了雍正年间巡台御史严瑞龙巡视台湾的情景。巡台御史的主要职责是监督台湾各级官员政务执行情况、过问经济，兼理学政、推动地方文化教育的发展等。观察画作，找出与画中题跋诗句相对应的场景。画中内容反映了巡台御史众多职责中的哪个方面？

社里纷纷走童稚，书卷携来夸识字。
谁云异域总无知，渐摩已足昭文治。

深入探究

下列图片是与清代边疆治理有关的画作与实物，反映了这一时期统一多民族国家的巩固与发展。它们都涉及清朝对哪些地区的管理呢？

《皇清职贡图》卷之《鄂伦春族图》（局部）
清

《平定准噶尔图》卷（局部）
清

《西域回疆图》册（局部）
清

达赖喇嘛金印
清

文化参与

2019年1月2日，习近平总书记在《告台湾同胞书》发表40周年纪念会上指出：“祖国必须统一，也必然统一。”中国为何“必须”实现统一，又为何“必然”会实现统一？请谈谈你的理解。

霁青釉金彩海晏河清尊

初识文物

霁青釉金彩海晏河清尊是清代景德镇御窑厂为圆明园海晏堂烧制的陈设瓷。“海晏”一词出自《后汉书·蔡茂传》：“（陛下）即位以来，四海晏然。”唐代郑锡《日中有王字赋》：“河清海晏，时和岁丰。”请你结合诗句和纹饰造型，说说海晏河清尊有怎样的寓意。

霁青釉金彩海晏河清尊
清

深入探究

明清时期，出现了斗彩、五彩、珐琅彩、粉彩等各具特色的彩瓷精品。请对比下列瓷器，找出它们各自的特点并探究不同瓷器品类之间工艺上的区别。

斗彩花蝶纹罐
明

五彩鱼藻纹盖罐
明

珐琅彩缠枝花卉纹蒜头瓶
清

粉彩梅竹双燕纹瓶
清

文化参与

第二次鸦片战争期间，圆明园惨遭英法联军劫掠，并被纵火焚毁，海晏堂前十二时辰水钟的兽首全部流失海外。伴随着祖国日益强大，在外漂泊了一百多年的鼠首、兔首等珍宝陆续回归祖国。有人认为文物的命运在一定程度上与国家和民族的兴衰存亡紧密相连，你同意这个观点吗？请说说你的看法吧。

香港开埠图

初识文物

《香港开埠图》是一幅清代的外销画，描绘的是1842年香港开埠初期的维多利亚港。你知道《香港开埠图》创作的时代背景吗？伴随着一系列不平等条约的签订，近代香港经历了怎样的沧桑变化？

《香港开埠图》
清

深入探究

你知道20世纪改革开放以来，香港是如何背靠祖国内地实现经济腾飞的吗？你知道这一时期内地是如何在淡水供给、蔬菜肉禽等生活物资方面给香港提供保障的吗？请查阅资料，说明“香港的繁荣离不开祖国内地的支持”这一观点。

文化参与

为实现祖国统一，1982年邓小平提出“一国两制”构想。“一国两制”构想在解决香港问题上首先得以实施。1997年7月1日，香港回归祖国。你认为香港的“回归之路”体现了中央政府在祖国统一大业上怎样的立场和态度？2020年6月30日，《中华人民共和国香港特别行政区维护国家安全法》获得通过。请你结合实际，谈一谈此法的颁布实施对于香港今后的发展有怎样的影响。

单元总结

在这一单元，“大明通行宝钞”壹贯钞、《南都繁会图》卷见证了活跃的商品经济和繁华的城市生活；青花海水云龙纹扁瓶、霁青釉金彩海晏河清尊展现了高超的制瓷技术；“万历十年登州戚氏”军刀表明中国人具有保家卫国的勇气；郑和铸铜钟则表达了向世界传播文明成果的善意；《巡视台阳图》卷和《香港开埠图》反映了维护国家主权和领土完整的重要性。

完成本单元的学习后，如果让你向小伙伴们介绍中国的明朝和清前期，你会选用哪几个关键词呢？请你围绕这几个关键词绘制思维导图。

我做文化使者

有学者指出，从欧洲的角度看，16世纪固然可以被称为伟大的航海时代，但如果从其他贸易圈来看，则可以将欧洲人到达亚洲，理解为欧洲人利用了亚洲的贸易者在印度洋和南中国海开辟的伟大航线。

请你绘制一幅中国航海路线图，并在图上标出中国主要出口的物品。

本单元内容设计：赵　悦

本单元活动设计：李　岩　王　冉　黄　振　徐　雁　杨晓蓓　于鸿雁　秦福来

附 录

研学心得

研学心得